Pages 2-3
Le monastère de Dokangema, près du lac Ngoring, aux sources du fleuve Jaune.

Pages 6-7
L'immense bassin du lac Ngoring, sur le haut plateau tibétain, dans la province du Qinghai. Le fleuve Jaune est son émissaire.

Pages 8-9
Coincé dans les monts du plateau de loess entre les provinces du Shaanxi et du Shanxi, le fleuve Jaune se charge d'alluvions et forme la cascade de Hukou.

Pages 10-11
Sorti des montagnes, le fleuve Jaune prend ses aises. Il traverse ici la province du Henan, près de Kaifeng, s'acheminant vers la mer, lent et solennel.

LE FLEUVE JAUNE

L'ÂME DE LA CHINE

Texte et photographies
Aldo Pavan

HACHETTE

Introduction

MONGOLIE
MONGOLIE INTÉRIEURE
Fleuve jaune
Baotou
3
Grande Muraille
Datong
Pékin
4
Yinchuan
INGXIA
GANSU
zhou
MER DE BOHAI
Pingyao
5
SHANXI
SHAANXI
Fleuve jaune
7
Dongying
Jinan
SHANDONG
6
Qufu
MER JAUNE
Xi'an
Luoyang
Zhengzhou
Kaifeng
HENAN
Shanghai

CE N'EST PAS SEULEMENT UN FLEUVE, C'EST UN DRAGON. Un dragon singulier cependant. Il en a tous les attributs mythologiques : un peu tigre, un peu lion, un peu serpent comme le veut la tradition chinoise. Mais c'est aussi une entité incontrôlable, totalement imprévisible, porteur d'inconnu pour l'avenir. Son nom : le fleuve Jaune, Huanghe en chinois. Sa queue repose sur le toit du monde, le haut plateau tibétain où il prend sa source. Sa gueule s'ouvre vers la mer Jaune et le golfe de Bohai, à l'embouchure. Son dos s'arc-boute à travers les terres arides du désert et les steppes de Mongolie intérieure. Puis, il franchit le plateau de loess et accomplit une course exténuante, se frayant un chemin entre les villes grouillantes, les barrages qui freinent son cours, les champs en terrasse et les sites industriels. Ses eaux creusent des vallées profondes et se chargent de boues, des boues jaunes bien sûr, auxquelles il doit son nom. À l'image du Nil et de son limon, le fleuve est chargé de sédiments. Il irrigue les rizières, dispensant son engrais précieux. Et ce n'est pas tout : il abreuve 155 millions d'individus. Il traverse neuf provinces et arrose 15 % des terres arables de Chine. Ses 4 850 kilomètres de long, en font le huitième fleuve du monde par sa longueur ; il alimente un territoire aussi vaste que l'Italie, l'Allemagne et la Grande-Bretagne réunies. Et, comme si cela ne suffisait pas, le dragon recèle d'innombrables richesses minières, notamment de l'or. Dans la province du Shanxi, il devient fournisseur d'énergie grâce au précieux charbon qui alimente des dizaines de centrales électriques. Se gonflant des nutriments de quarante affluents, c'est un véritable colosse : l'économie de la Chine septentrionale repose sur lui à double titre. Le colosse dispose de la faim, de la soif des hommes. Il est le maître de l'histoire et des événements. Voilà pourquoi c'est un dragon dangereux. Les Chinois le considèrent comme la « mère de la Chine » : c'est en effet au fil de ses eaux que la civilisation des Han, l'ethnie dominante, s'est enracinée. Ses rives ont vu naître des royaumes, prospérer des empires, chevaucher des armées d'envahisseurs. Les vestiges de ces civilisations ont été découverts récemment, après avoir sommeillé pendant des siècles sous des mètres de boues séchées. Les villes de Xi'an, Luoyang, Zhengzhou et Kaifeng furent autrefois des capitales impériales, riches et puissantes, sièges

de l'empire fondé par le légendaire Huangdi, « l'empereur jaune », premier Han sur le trône de Chine. L'incroyable armée de terre cuite de Xi'an en témoigne. Mais les Chinois ont également surnommé le fleuve Jaune « Le désespoir de la Chine ». Ses crues fréquentes et catastrophiques sont un véritable fléau. Le dragon n'est pas seulement source de vie, il apporte aussi la mort. C'est pourquoi aucune agglomération urbaine ne s'est développée sur ses rives (seules quelques villes bordent le cours supérieur, là où le dragon est encore inoffensif). Au cours du siècle qui vient de se terminer, le fleuve Jaune a fait dix millions de victimes. Dans l'histoire plurimillénaire de la Chine, celui qui avait la faculté de dompter ses eaux et d'endiguer leur cours sans qu'elles débordent pouvait se targuer de maîtriser l'art de gouverner. Dompter le dragon était un symbole de pouvoir : cela signifiait que le Fils du Ciel jouissait de la faveur divine. Il y a plus de 4 000 ans, Yu le Grand, empereur mythique, fondateur de l'hydraulique, déclarait déjà : « Tenir en respect le fleuve Jaune, c'est tenir la Chine. »

Aujourd'hui, par certains aspects, la situation a empiré du fait d'un nouvel ennemi : l'exploitation excessive du grand fleuve inhérente à la rapidité du développement économique. Le dragon descend vers la mer entre des levées plus sûres qu'autrefois, mais ses eaux sont de plus en plus polluées et la carence hydrique se fait terriblement sentir. Quelle tristesse de le voir ainsi, à bout de forces, misérable ruisseau entre d'immenses levées parfois éloignées d'une dizaine de kilomètres, comme lorsqu'il traverse la grande plaine du delta. Quel malheureux épilogue pour un mythe vivant !

Et quel terrible enjeu pour la Chine, non seulement privée d'eau mais aussi de la précieuse énergie électrique produite par la force du dragon. Sachant cela, suivre le cours du fleuve Jaune c'est comprendre l'âme de la Chine. C'est peut-être difficile à imaginer, mais c'est ainsi. Au fil de ces pages, nous avons suivi les caprices du dragon. Notre émotion a été grande, immense comme le pays que nous avons découvert pas à pas. Au terme de notre voyage, nous avons constaté une fois encore qu'il n'y avait pas une Chine mais mille Chine, autant d'anneaux et de contradictions qu'en compte l'animal mythologique.

CI-CONTRE
Le fleuve Jaune à Liujiaxia dans le Qinghai.

PAGE 16, À GAUCHE
Les remparts de Pingyao, une ville inscrite au patrimoine mondial de l'Unesco.

PAGE 16, AU MILIEU ET À DROITE
Groupe de cavaliers mongols et vue du fleuve Jaune à l'endroit où il se jette dans la mer, dans le golfe de Bohai.

PAGES PRÉCÉDENTES
PAGE 14
Monument en forme de corne de yak érigé aux sources du fleuve Jaune.

PAGE 15, À GAUCHE
Photo du Bouddha sculpté dans la grande falaise de Yungang, aux environs de Datong. 51 000 statues ont été taillées dans la pierre entre le Ve et le VIe siècle après J.-C.

PAGE 15, À DROITE
Le temple dédié au dieu de la cité dans la ville de Pingyao.

Le Tibet, aux sources du mythique dragon

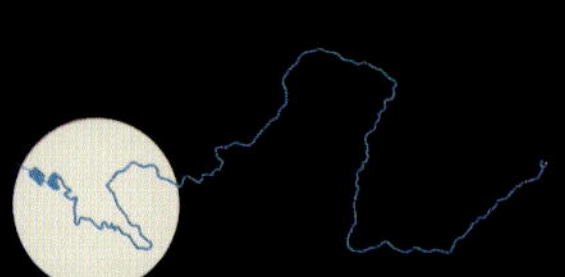

Pages précédentes
Une tente de nomades golok sur la rive du lac Ngoring, immense miroir d'eau où naît le fleuve Jaune. Nous sommes dans le Qinghai. À 4 285 mètres d'altitude, la vie est rude. Selon la cosmologie taoïste, les sources éternelles du fleuve Jaune sont souterraines. De là naît toute chose, là toute chose reviendra à la fin du monde. Et quelque part entre les monts Kunlun, se trouve le paradis. C'est ici que vit Hsi Wang Mu, esprit mère de l'Occident ou reine mère de l'Occident, une déesse majeure dans le panthéon chinois.

Page de gauche
Jeune nomade tibétain photographié sous la tente familiale. L'enfant porte au cou un porte-bonheur, œuvre d'un moine bouddhiste.

Page de droite, en haut
Médaillon du dalaï-lama que les nomades tibétains portent souvent sous leurs vêtements.

LE TIBET, AUX SOURCES DU MYTHIQUE DRAGON. À présent, le souffle nous manque. Nous avons du mal à respirer tandis que la montée se fait plus abrupte. Le ciel s'est teinté d'un bleu profond sur lequel se dessinent de rares nuages et l'air est enfin limpide. L'orage vient juste de cesser, et avec lui sa pluie mêlée de grésil et de cristaux de glace. L'oxygène est rare à cette altitude. La tête tourne un peu. Et le sentier serpente tel le corps sinueux du dragon qui surgit devant moi. Ai-je une vision fantasmagorique ou mon corps me joue-t-il des tours ? Voici maintenant que se déploie la bête immense, du moins en ai-je l'impression. Sa silhouette traverse l'espace de part en part puis dessine la carte géographique de la Chine que j'ai en mémoire. La queue est là, sur cette colline qui sépare deux grands lacs entourés d'une immense prairie : le lac Gyaring et le lac Ngoring s'étendent à nos pieds, à 4 285 mètres d'altitude. Au sud, se détachent les sommets enneigés des monts Bayankala. C'est là que surgit le fleuve Jaune, le Huanghe. C'est là que le grand dragon prend son souffle, sur le versant nord oriental du haut plateau tibétain, c'est là qu'il fait ses premiers pas après avoir recueilli dans le lac Ngoring les eaux d'un vaste impluvium (les géographes auraient découvert un petit ruisseau qui constituerait une source plus lointaine, en amont). À chaque pas, mon cœur bat plus fort. Tenzin, mon guide, court devant comme une antilope. Il a vingt-cinq ans, il est tibétain et ses joues rubicondes indiquent que son sang compte beaucoup plus de globules rouges que le mien. Nous voici enfin au sommet de la colline : le point d'observation le plus haut sur les lacs Gyaring et Ngoring. Un monument se profile devant nous : ce n'est que la silhouette sévère d'un yak sur les longues cornes duquel on a pendu des centaines de bannières tibétaines qui claquent au vent. Autant de prières en l'honneur du dragon. Tenzin récite à voix basse : « Om mani padme hum ». Mon cœur bat toujours plus fort et ma gorge se noue devant le spectacle qui m'entoure. C'est le néant. Il n'y a pas de neiges éternelles mais le regard se perd à l'infini sur les étangs, les marais et les marécages qui alternent avec les prairies inondées de pluie ou couvertes de neige en permanence. Tenzin me montre un yak sauvage évoluant au loin sur la rive du lac Gyaring et déclare : « Cette terre est la mienne, j'aimerais qu'elle demeure toujours ainsi, sauvage et authentique, comme l'âme, solidement ancrée dans les traditions. » Nous sommes au bout du monde, dans une région retirée du Tibet, historiquement dénommée l'Amdo ; le découpage administratif chinois l'a intégrée dans la province du Qinghai qui a pour capitale Xining. C'est le pays des bergers golok, un peuple fier et farouche. Lhassa est vraiment loin, à plus de mille kilomètres au sud. L'espace d'un instant, j'ai l'impression d'avoir été enlevé et transporté dans les grandes prairies de l'Ouest américain. Les yaks sont des bisons et Tenzin un chef peau-rouge qui pleure la perte de ses racines et de sa liberté. Mais nous ne sommes pas ici dans une réserve indienne. Nous sommes dans la Chine du XXIe siècle.

Nous descendons dans la vallée. Le lama du monastère de Madoi m'embrasse comme si j'étais un frère sur le point de le quitter et entoure mes épaules d'une écharpe blanche offerte en signe de bienvenue. Nous avons parlé longtemps. Il a maintenant refermé les portes du temple où il a prié avec moi. Il s'est prosterné devant une vieille photo encadrée du dalaï-lama, une image interdite au Tibet mais que l'on tolère ici. (« Le Qinghai est moins surveillé qu'en bas », murmure-t-il). Madoi est le premier village lorsque l'on descend des sources du fleuve Jaune. Son tracé se limite à deux brefs tronçons de routes perpendiculaires. Les femmes défilent le visage caché par un masque qui les protège du vent. Emmitouflées dans de lourds vêtements, elles disparaissent furtivement entre les tourbillons de neige. À la sortie du village se dressent des millions de drapeaux de prières, tels des fantômes se poursuivant dans la pâle lueur du soir. Mais ici les véritables fantômes ont un nom bien à eux : les gardes rouges. Ce sont eux qui ont sévi dans la région, fait main basse sur les monastères et envoyé les moines dans les camps de rééducation. Le fléau de la révolution culturelle a frappé toute la Chine, faisant des millions de morts. Au Tibet, après l'annexion forcée commencée au début des années 1950, la folie révolutionnaire a tenté d'enfermer la culture lamaïste. Le bouddhisme tibétain a subi une terrible répression. Depuis quelques années seulement, l'étau se desserre un peu. Et au Qinghai, on assiste à un étrange phénomène : les monastères détruits par la fureur antireligieuse sont reconstruits ou restaurés avec le consentement des autorités. L'objectif est de faire du Tibet une destination touristique, les Chinois ayant maintenant la possibilité de voyager librement à l'intérieur de leur propre pays. Les autorités savent que les touristes rapportent de l'argent, et l'argent est devenu un objectif majeur pour cette Chine tournée vers l'économie de marché.

PAGE DE DROITE
Les drapeaux de prières sont présents dans tout le Tibet. Ceux-ci ont été regroupés autour d'un autel érigé en l'honneur d'un esprit du lac Ngoring. Dans le bouddhisme tibétain, les éléments bouddhiques se mêlent aux éléments animistes liés à l'ancienne religion bön, toujours vivace dans les régions retirées du haut plateau.

PAGES SUIVANTES
PAGES 24-25
Le lac Gyaring, jumeau du lac Ngoring, peu avant une violente bourrasque de pluie et de neige. En tibétain, ces deux lacs, considérés comme la source du fleuve Jaune, ont pour nom Zhaling et Eling, respectivement « blanc grisâtre » et « vert bleu ».

PAGES 26-27
Un océan de drapeaux de prières s'étend aux portes de Madoi, petit village d'où part une très mauvaise route terrassée qui mène aux lacs Ngoring et Gyaring : de là naît le ruisseau qui, se frayant un chemin à travers pâturages et marécages, donne vie aux premiers méandres du fleuve Jaune.

Page de gauche
Une chute de neige inattendue nous a surpris, un matin de juin, aux portes de Madoi. Trois ou quatre heures de soleil ont été nécessaires pour faire fondre la neige et permettre aux yaks de regagner les pâturages.

Page de droite
Le vent froid contraint les femmes qui vivent en haute altitude à porter un masque pour protéger leurs joues qui deviendraient sinon exagérément rouges. On remarque le moulin à prières que l'on fait tourner sans relâche. Il représente la diffusion de la doctrine bouddhique et incarne le sentier aux huit voies, fondement de l'enseignement bouddhique.

Pages suivantes
Un troupeau de yaks traverse le petit village tibétain de Qingshuibe tandis que la neige fond sous les premiers rayons du soleil, engendrant une légère brume.

Page de gauche
Le village de Huashixia après une violente pluie d'été. Les routes sont encombrées de nomades arrivant des prairies alentour, à cheval ou à moto.

Page de droite
Qingshuihe sous la neige. Les tables de billard qui envahissent les trottoirs sont couvertes de plastique qui les protège de la pluie. Le beau temps revenu, les nomades tibétains, les Chinois et les Huis musulmans qui gèrent les modestes boutiques se retrouveront bientôt pour une partie.

Pages suivantes
Panorama du haut plateau où naît le fleuve Jaune. La plaine est parsemée de tentes et de yaks. Le temps change sans cesse : le soleil laisse rapidement la place aux nuages accompagnés de vents violents.

Page de gauche
Deux femmes golok photographiées devant leur tente en peau de yak. Pour l'occasion, l'une des deux a souhaité porter la coiffe de fête ornée de grosses pierres de jade et de corail tibétain. Ici, l'hospitalité est sacrée : après la séance photo, nous sommes invités à boire le thé tibétain, un thé salé qui contient du beurre de yak. En échange, nous promettons de trouver un moyen de leur faire parvenir les photos.

Page de droite
Un berger à cheval surveille son troupeau au pâturage. En été, les yaks se dispersent dans la prairie en quête des meilleures pâtures.

Pages suivantes
L'intérieur d'une tente nomade. Sur le poêle chauffé à la bouse de yak, le repas cuit dans de grosses marmites. Le repas des nomades est constitué le plus souvent d'une grosse saucisse de viande de yak ou de *tsampa*, de la farine d'orge grillé.

Page de gauche
Deux paysannes de Qingshuihe portant le chapeau typique de leur région.

Page de droite
Une Tibétaine arbore les habits de fête et les lourds bijoux qui constituent un véritable trésor pour la famille. La fourrure est synthétique. Depuis peu, sur les conseils du dalaï-lama, l'usage de fourrures naturelles est interdit afin de protéger la faune en voie d'extinction. Ce choix extrêmement important pour le Tibet.

Page de gauche
Un groupe d'hommes et de femmes dans une rue de Maqen. Tous observent avec beaucoup de curiosité les visiteurs occidentaux, inhabituels au cœur du Qinghai. Les images qui apparaissent à l'écran de nos appareils numériques suscitent un vif intérêt.

Page de droite
Ce beau jeune homme golok, tout droit sorti de sa tente, s'approche de nous pour mieux comprendre à qui il a affaire. Les traits durs et sévères de nombreux Tibétains du haut plateau du fleuve Jaune induisent souvent en erreur. Un sourire et quelques mots en tibétain suffisent pour établir immédiatement un début de communication faite de gestes simples et amicaux.

Page de gauche
La longue tresse noire comme jais d'une Tibétaine rencontrée à Maqen.

Page de droite
Les habitantes de Maqen arborent des coiffures singulières, assez semblables aux extensions. Des écharpes de couleurs sont accrochées au bout des cheveux.

Pages suivantes
Le monastère de Ragya a une situation magnifique sur la rive du fleuve Jaune.

Alors que, kilomètre après kilomètre, nous redescendons vers les basses altitudes, la tête se fait moins lourde, nous donnant l'impression de traverser un monde heureux. Le dragon nous montre la route au cœur des prairies ondoyantes où les nomades nous accueillent dans leurs tentes chauffées à la bouse de yak. Nous buvons du thé tibétain mélangé à du beurre de yak, et goûtons la *tsampa* (farine d'orge grillé). Les villages isolés semblent précaires : les murs ont été montés à la hâte mais les villageois, eux, sont robustes, beaux et vrais. Les hommes aux longs cheveux d'un noir de jais et au visage rouge sont fiers. Les femmes portent de lourds colliers d'ambre et de turquoises. Selon une drôle de mode typiquement tibétaine, l'une des manches de leur lourd manteau traîne à terre. Les vieux font tourner leur moulin à prières. Nous sommes dans une région du Tibet qui semble tout droit sorti d'une carte postale empruntée au siècle dernier. Peu de chose a changé dans la vie traditionnelle nomade. Tout est très rudimentaire, spartiate et laborieux. Yaks et moutons constituent la nourriture de base. Seules les échoppes et les auberges sont tenues par les « nouveaux venus », pour la plupart chinois. Les Tibétains achètent, les Hans et les Huis musulmans vendent : piles, seaux en plastique, savons, bidons, dentifrice, boîtes. C'est Pékin et non Lhassa qui a la main mise sur les commerces et la misérable économie du lieu. La pénétration chinoise a été très forte mais il semble impossible que les deux populations se mélangent. Le choc est inévitable, rude parfois. Ce sont deux mondes différents, deux visions de la réalité : mains entaillées par le froid contre téléphones portables, cavaliers contre motards sillonnant les prés à toute allure, peaux d'animaux contre fourrures synthétiques, vestes en mouton contre blousons Nike, langue tibétaine contre chinois enseigné dans les écoles. Enfin, le choc le plus important est celui de la religion et de la soi-disant modernité des villes de la plaine. Les idéaux et la mythologie ne font pas bon ménage avec l'argent, surtout quand la monnaie est frappée au sceau de la Chine. Devinez qui en sortira vainqueur...

Page de droite
Une femme fait tourner un immense moulin près de Xinzhai où se trouve le plus grand tas de *mani* ou pierres de prières de la province du Qinghai et peut-être de tout le Tibet.
Au fil des siècles, un grand nombre de plaques votives, sur lesquelles ont été gravées des prières ou des mantras bouddhiques se sont entassées dans ce petit village. Malheureusement, c'est justement devant ce lieu sacré pour les Tibétains que les autorités chinoises ont décidé d'entamer la construction d'une route dont le chantier dégage une fumée dense et grise qui pollue l'air.

Pages suivantes
Le linge est méticuleusement lavé dans les eaux d'un affluent du fleuve Jaune.

PAGE DE GAUCHE
Peinture représentant le mont Amnye Machen vu du petit monastère de Tzatzatan. L'Amnye Machen et les montagnes qui l'entourent forment une grande chaîne autour de laquelle le fleuve Jaune accomplit un immense méandre vers le nord. Montagne sacrée pour les Tibétains du Qinghai, c'est aussi un lieu de pèlerinage. Les fidèles accomplissent de longues déambulations rituelles autour de ce mont dont les vallées sont couvertes de neiges éternelles qui, hélas, s'amenuisent. Les torrents et les fleuves qui descendent de l'Amnye Machen et se jettent dans le fleuve Jaune en accroissent considérablement le débit.

PAGE DE DROITE
Cérémonie animiste dans la prairie de Huangshatou. La foule s'est réunie autour d'un autel improvisé avec de grandes écharpes chamarrées. Les divinités populaires et les esprits sont souvent l'objet de cultes et se fondent dans le bouddhisme, une doctrine tolérante. La religion et le paganisme bön se conjuguent aux légendes qui font partie d'une culture tibétaine séculaire. Parmi les figures mythiques du Tibet, une place de choix revient au roi Gesa dont l'épopée court sur des centaines d'années entre le IIIe siècle av. J.-C. et le VIe siècle apr. J.-C. La légende raconte qu'il y a très longtemps, le Tibet fut frappé par des catastrophes naturelles qui n'épargnèrent aucune région et que des démons envahirent le pays. Pour libérer les hommes de cette immense tragédie, le roi Gesa descendit sur terre sous les traits d'une créature moitié-homme, moitié-dragon. Après de nombreuses batailles, il extermina les démons qui persécutaient les hommes puis retourna au ciel. Cette épopée grandiose qui compte plus de 120 volumes est la plus longue épopée du monde.

PAGES SUIVANTES
Les prairies ondoyantes du haut plateau tibétain du Qinghai s'étendent à perte de vue.

PAGES DE GAUCHE ET DE DROITE
Les nomades tibétains se déplacent traditionnellement à cheval mais la moto commence à s'imposer. Le progrès est arrivé jusque dans les régions retirées du Tibet. Les récits évoquant des nomades sanguinaires qui auraient sévi jusqu'au milieu du siècle dernier paraissent aujourd'hui sans fondement. Ainsi, l'explorateur américain Leonard Clark, qui prit en 1949 la tête d'une expédition pour le Qinghai fit la chronique de son voyage dans un journal intitulé *The Marching Wind (Aux sources du fleuve Jaune)*, devenu un classique de la littérature d'exploration. Ses récits donnent une vision inattendue et violente d'un Tibet dominé par des tribus guerrières, très différente du Tibet mystique et ascétique que nous connaissons.

PAGES SUIVANTES
La moto Honda et les ornements élaborés des jeunes filles tibétaines : deux mondes opposés qui ici se conjuguent.

HONDA

新飞电器

Page de gauche
Un jeune moine sort de la cuisine du monastère de Xiwu, rattaché à l'ordre des bonnets rouges. Le bouddhisme tibétain compte quatre écoles principales, fondées sur deux écoles philosophiques les plus importantes, l'école mahayana et l'école vajrayana. L'école la plus répandue au Tibet est celle des bonnets jaunes ou Gelugpa (« les Vertueux »). Elle se fonde surtout sur l'étude et sur les enseignements du dalaï-lama. L'école des bonnets rouges ou Kaguypa s'est développée à partir de la tradition orale basée sur le yoga tantrique hindou. Dans la région des hauts plateaux du cours supérieur du fleuve Jaune, l'école la plus répandue est celle des Nyingmapa ; c'est l'école la plus ancienne et la plus empreinte des éléments animistes et chamaniques liés à la religion bön.

Page de droite
Le monastère de Xiwu derrière les drapeaux de prières qui claquent au vent.

Pages suivantes
Avant la prière, un moine ouvre la porte du monastère de Jiegu à Yushu. L'édifice sacré, qui date de 1398, appartient à l'école des Sakyapa où l'on pratique la voie tantrique pour atteindre l'illumination. Chronologiquement c'est la deuxième école du Tibet.

La rencontre avec la route de la Soie

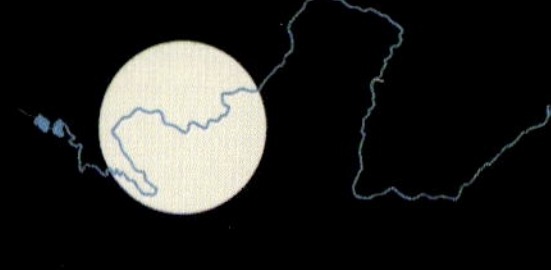

Pages précédentes
Le fleuve Jaune à Liujiaxia. Ici, le grand cours d'eau qui a déjà perdu de l'altitude, se fraye un chemin entre les monts vierges de toute végétation et les bandeaux de plaine fertile où l'on cultive le blé. Au premier plan, une Chinoise assise sur la rive assemble les semelles de ses chaussons cousus main.

Page de gauche
Un jeune moine puise de l'eau dans un puits profond du monastère de Nanzong. Celui-ci est niché entre les versants abrupts des montagnes rougeâtres, au pied du fleuve Jaune à Liujiaxia.

Page de droite, en haut
Détail de la splendide toile brodée qui orne l'entrée de l'un des temples principaux du grand monastère de Labrang, à Xiahe. Dans l'iconographie tibétaine, la gazelle représente l'enseignement du Bouddha donné à Sarnath, près de Bénarès, en Inde.

LA RENCONTRE AVEC LA ROUTE DE LA SOIE. Le fleuve Jaune accomplit une grande boucle autour de la chaîne de l'Amnye Machen, une montagne sacrée pour les Tibétains. Là, il se charge d'une merveilleuse eau cristalline. Je sais que c'est une illusion, mais derrière la vitre de la voiture, je vois défiler des pâturages verdoyants qui me rendent immédiatement amoureux de cette terre. Tout paraît si beau. Nous traversons également de brèves portions de désert où les yaks semblent se promener, heureux, entre les dunes de sable. Mais ce n'est qu'une chimère : ici la vie est dure. Pendant la longue marche, Mao Zedong guida le plus gros des troupes de l'armée Rouge à travers les marécages dévastateurs des plaines de Songpan. Le prix à payer en termes de vies humaines fut considérable. Lorsque l'on perd de l'altitude, le dragon semble plus clément. À 2 500 mètres apparaissent les premiers arbres et les rives du fleuve Jaune se métamorphosent en champs de blé et de colza. Immédiatement toutefois, les eaux du grand fleuve sont arrêtées par les premiers barrages, gigantesques. Elles sont bridées pour fournir de l'électricité à un autre dragon, celui du développement économique chinois dont le produit intérieur brut augmente de 10 % par an. Le monstre a étendu ses tentacules jusqu'ici pour planter ses ongles dans une terre que je croyais encore épargnée.

Et voici Xiahe, perdue dans les montagnes. Cette petite ville est entièrement chinoise, mais à peine se termine le défilé des immeubles aux couleurs psychédéliques que le plus grand et le plus fascinant des monastères de cette région du Tibet, le monastère de Labrang, nous fait remonter le temps. Imaginez toute une ville comptant une population de près de 2 000 moines qui vivent dans des habitations basses concentrées autour d'une douzaine de temples. Une file interminable de moulins à prières délimite le périmètre du monastère qui s'étend dans une vallée encadrée de monts couverts d'épaisses forêts. Le cadre, paradisiaque en été, est d'une rigueur extrême en hiver quand la neige blanchit les toits des bâtiments et que la fumée des poêles se mêle à la fumée parfumée de l'encens. Fermé pendant la révolution culturelle, le monastère a rouvert ses portes dans les années 1980. L'âme de Labrang est sa grande université, considérée comme l'un des centres majeurs du bouddhisme lamaïste.

Aujourd'hui, le monastère est envahi par une foule colorée de pèlerins venus des quatre coins du Tibet. Ce sont des bergers nomades, des hommes simples aux mains calleuses. Sous leurs lourdes vestes, ils cachent le portrait du dalaï-lama. On lit sur leur visage un sourire mêlé d'étonnement. Ils me regardent, curieux, comme si c'était moi la nouveauté du lieu et non leur foi ou leur dévotion, tellement inhabituelles de nos jours en Occident.

Tout à coup, la tranquillité de la grande esplanade est interrompue par une note longue et sourde. Levant les yeux, je vois deux moines de part et d'autre de la roue de la vie qui trône sur le bâtiment principal du monastère. Ils frappent un immense gong. D'autres moines arrivent en courant. Ils portent d'épaisses bottes de fourrure et sur la tête le bonnet jaune de la secte des Gelugpa ou « Vertueux », l'ordre religieux le plus important du bouddhisme tibétain. Certains arborent un gros bonnet qui ressemble à un casque aplati. Aussitôt entrés dans le temple, ils commencent à psalmodier leurs mantras. Les précepteurs ont l'air énormes dans leur manteau pourpre rembourré aux épaules. La *puja*, la prière, vient de commencer. Cymbales, gongs et trompes tibétaines retentissent en fond sonore. Quelques garçonnets vont et viennent avec de grosses théières en cuivre remplies de thé. Après les mantras, le maître passe entre les bancs, interrogeant les jeunes élèves. Et quand l'un d'eux se trompe, tous rient à l'unisson, pour se moquer, qui sait, de l'ignorance humaine.

Une petite boucle du fleuve Jaune nous conduit aux portes de Xining. C'est dans le petit village de Taktser que l'actuel dalaï-lama, Tenzin Gyatso, a vu le jour en 1935. Le guide spirituel des Tibétains vit aujourd'hui en exil, à Dharamsala, en Inde, mais ses racines sont ici. Mon guide me murmure timidement son nom à voix basse, tandis qu'il me conduit au monastère voisin de Ta'er, Kumbum en tibétain, où le futur dalaï-lama s'est agenouillé pour prier avec ses parents, avant que les sages venus de Lhassa reconnaissent en lui l'incarnation du Bouddha de la compassion. Avec ses quatre collèges monastiques, Kumbum est un lieu sacré pour les Tibétains. C'est aussi dans cette région qu'est né et a grandi Tsong Khapa, le fondateur de l'ordre des Gelugpa. Deux des disciples du maître ont été reconnus bouddhas vivants, devenant le premier dalaï-lama et le premier panchen-lama, les plus hautes autorités spirituelles tibétaines. Sous la coupe chinoise, hélas, le monastère a été transformé en une sorte de grand musée. Quelque 3 600 moines vivaient ici avant 1958. Aujourd'hui, ils ne sont plus que 400. On y entre contre le prix d'un billet, et les visiteurs sont accompagnés de jeunes gens vêtus d'un costume pseudo-tibétain. Fondé en 1560, le monastère a gardé malgré tout beaucoup de charme, et entrer dans l'immense salle du Grand Temple aux tuiles d'or où ont prié tous les dalaï-lamas du Tibet reste un moment impressionnant.

PAGE DE DROITE
Empreinte de pieds qui, selon la croyance populaire, aurait été miraculeusement laissée par un moine sur le plancher du monastère de Tongren, après des jours de prière ininterrompue au même endroit.

PAGES SUIVANTES
Le fleuve Jaune à Liujiaxia.

Page de gauche
Le temple principal du monastère de Labrang, vaste complexe religieux, fut fondé en 1709 par Jamyang, un moine devenu bouddha vivant. Il instaura la lignée des Jamyang, venant en troisième dans la hiérarchie du bouddhisme tibétain, après le dalaï-lama et le panchen-lama. Ici, entre les temples décorés (une grande partie du patrimoine artistique a malheureusement été détruite lors d'un incendie en 1985), les tombes des saints et les statues, on apprend les sciences traditionnelles de la culture tibétaine : médecine, astrologie et, bien sûr, philosophie.

Page de droite
Moines rassemblés pour une séance d'étude collective.

Pages suivantes
La brume ne s'est pas encore levée sur le monastère de Labrang.

À GAUCHE, moines en prière et pendant la pénible séance de prosternation au monastère de Labrang (PHOTO DE DROITE). Le temple s'étend sur une superficie de 866 000 mètres carrés, dont 400 000 occupés par des bâtiments de style tibétain où logent les moines. Le monastère comprend différents temples, la salle des Sutras où se réunissent les moines et les salles réservées à l'étude. Sur l'une des montagnes situées entre les ruines des anciens temples, on célèbre la cérémonie des funérailles célestes, au cours de laquelle les cadavres sont découpés en morceaux et donnés en pâture aux vautours, un rite poignant, symbole du cycle de la vie et de la mort.

À Labrang, femme en prière (PHOTO DE GAUCHE) et moines entrant dans la grande salle des Sutras pour un débat religieux (PHOTO DE DROITE). C'est ici que sont conservés les livres sacrés écrits en tibétain. Le monastère abrite de précieuses bibliothèques qui rassemblent des textes sacrés et littéraires classiques, portant sur le calendrier, la musique, la philosophie et les beaux-arts ; en tout, près de 60 000 volumes.

Ces deux photos ont été prises dans le centre de Xiahe, une ville où l'empreinte chinoise est désormais très forte. Les pèlerins se dirigent vers le monastère de Labrang.
À GAUCHE, une Tibétaine observe, curieuse, une affiche publicitaire.
À DROITE, un enfant en vêtements de fête tient la main de sa mère.
Le temple de Labrang est depuis toujours le plus grand centre d'activité religieuse bouddhiste dans cette région du Tibet. Pendant son apogée, Labrang a accueilli jusqu'à 2 000 moines.
De grands rassemblements religieux ont lieu chaque année, qui attirent non seulement les bouddhistes tibétains et les Mongols mais aussi des hordes de pèlerins et de touristes chinois.

Le monastère de Kumbum, grand complexe religieux près de la ville de Xining, est sacré pour les Tibétains car c'est dans cette région qu'est né et a grandi Tsong Khapa, le fondateur des bonnets jaunes, les Gelugpa, l'ordre religieux le plus important du bouddhisme lamaïste. Deux des disciples du maître ont été reconnus bouddhas vivants : ils sont devenus le premier dalaï-lama et le premier panchen-lama, les plus hautes autorités spirituelles. À gauche, les toits du Grand Temple aux tuiles d'or. À droite, le précieux autel où ont prié, dit-on, tous les dalaï-lamas du Tibet.

Pages suivantes
Le fleuve Jaune descendant du haut plateau tibétain dans le Qinghai se fraye un chemin entre les monts sauvages et arides où l'on ne trouve nulle trace de la présence de l'homme. Ici, les eaux du fleuve coulent entre Guide et Liujiaxia.

Descendre en altitude c'est aussi tourner une page. Les anneaux du dragon enserrent la ville de Xining. Puis nous entrons dans la province du Gansu, et, plus à l'est, nous découvrons l'immense Lanzhou, ancienne étape sur la route de la Soie. C'est dans cette partie du fleuve que, depuis des siècles, le bouddhisme lamaïste est confronté à l'islam. Sur les rives du fleuve Jaune, on voit poindre de timides minarets qui rivalisent de hauteur avec les cimes feuillues des eucalyptus et dans les rues, on observe le va-et-vient d'hommes à la tête couverte d'une calotte blanche et de femmes qui arborent un voile couvrant la tête et laissant le visage découvert. Ainsi se manifeste la fierté d'adhérer à une religion qui n'est pas seulement une foi mais aussi un sentiment d'appartenance à une nation et à une même lignée ; une tentative de se distinguer des Han chinois. S'il est vrai que les populations musulmanes sont divisées en plusieurs groupes ethniques comme les Hui et les Salar, elles ne sont pas en définitive, très différentes des Han, à ceci près que les Hui parlent chinois et que les Salar ont gardé leur langue maternelle, d'origine turque. L'islam a été introduit en Chine vers le milieu du xe siècle, suivant à rebours la route de la Soie : soie et religion ont voyagé sur le dos du même chameau. Mais aujourd'hui, quand je regarde les yeux en amande de monsieur Li tandis qu'il avale ses nouilles d'un kilomètre de long, j'ai du mal à l'imaginer en fervent pratiquant du Coran. Cet employé de trente-cinq ans ressemble à tous les Chinois Han. Il se montre gentil et poli avec les étrangers. Alors que nous nous croisons dans un restaurant de Xining, il me regarde avec la curiosité de celui qui n'a jamais vu d'Occidental. Puis il lance : « J'ai compris ce que vous avez, les yeux enfoncés... trop... ». « Pourtant, nos yeux enfoncés étaient aussi ceux du prophète » ai-je rétorqué. Mais il n'a qu'une vague idée de l'endroit d'où vient sa religion et de sa terre d'origine. Pour les habitants des villes les plus reculées de Chine, le monde se résume parfois à la Chine elle-même.

PAGE DE DROITE
Un vieil homme appartenant à l'ethnie salar, l'une des minorités musulmanes chinoises, rencontré à Gaizi, une ville qui s'étend sur les rives du fleuve Jaune.

PAGES SUIVANTES
PAGES 88-89
On peut admirer cet extraordinaire paysage en terrasse en remontant le fleuve Jaune de Lanzhou vers Linxia. Les parcelles vert sombre sont des champs d'oignons.

PAGES 90-91
Miroir d'eau créé par le bassin du barrage de Liujiaxia.

Page de gauche
Un paysan et ses quatre ânes traversent le nouveau pont qui enjambe le fleuve Jaune à Gaizi. L'homme, réalisant qu'il était photographié, a arrêté ses animaux et pris la pose, fier d'être devant l'objectif d'un étranger.

Page de droite
Deux jeunes filles de l'ethnie salar portant la coiffe typique des musulmanes se promènent dans les rues de Gaizi après avoir fait des emplettes dans le modeste mais tout nouveau centre commercial de la ville.

Pages suivantes
La Grande Mosquée de Xining, l'un des plus grands édifices islamiques de toute la Chine. Construite en 1380, dans le pur style chinois avec des toits en pagode, elle ne porte pratiquement aucune trace de l'architecture arabe.

Page de gauche
La publicité pour les produits chinois témoigne de la politique de pénétration culturelle et commerciale poursuivie par Pékin dans les régions les plus retirées du pays. Cette photo a été prise dans une auberge, non loin du complexe monastique de Tongren, célèbre pour ses *thangka*, peintures religieuses tibétaines. Un grand chantier de restauration est actuellement en cours et concerne une douzaine de temples fermés de force.

Page de droite
Les rives roses qui plongent dans le fleuve Jaune à Tongren servent de toile de fond au marché du quartier musulman de Xining.

Pages suivantes
Ce pain chinois cuit à la vapeur est vendu sur le marché du quartier musulman de Xining.

Pages de gauche et de droite
Un marché animé se tient tous les jours derrière la Grande Mosquée de Xining. La calotte blanche des hommes et le voile sombre des femmes qui ne couvre que la tête témoignent de leur appartenance à l'ethnie musulmane hui. Xining est la capitale du Qinghai. Située dans la partie la plus au nord du haut plateau tibétain, à 2 200 mètres d'altitude, elle est essentiellement peuplée de Chinois han ; les Huis et les Tibétains y sont en minorité.

Pages suivantes
Le fleuve Jaune traverse les gorges de Liujiaxia qui mènent aux grottes bouddhiques de Blinglingsi, dans la province du Gansu. Celles-ci recèlent une magnifique concentration d'art bouddhique acheminé jusqu'ici par la route de la Soie.

À Lanzhou, capitale de la province du Gansu, trois générations de musulmans hui et un petit groupe assis au bord du fleuve Jaune. ces derniers écoutent une troupe de chanteurs amateurs improvisée qui s'essaient aux airs de l'opéra chinois. Aménagée et pavée, la rive méridionale du fleuve à Binhe Lu est un lieu de rendez-vous habituel des habitants. Une statue baptisée le « Voyage en Occident » raconte l'épopée chinoise du moine Hsuan Tsang qui traversa l'Inde pour rapporter en Chine les écritures bouddhiques sacrées.

Pages suivantes
Le fleuve Jaune traverse la majestueuse Lanzhou. Ancienne étape sur la route de la Soie, la ville a pris ces dernières années une ampleur démesurée, s'étirant sur 30 kilomètres le long du fleuve. Ici, les eaux du fleuve Jaune ont perdu leur teinte bleue et sont désormais chargées de sédiments et de boues qui lui confèrent sa couleur jaune.

Les eaux du fleuve baignent les dunes et la steppe

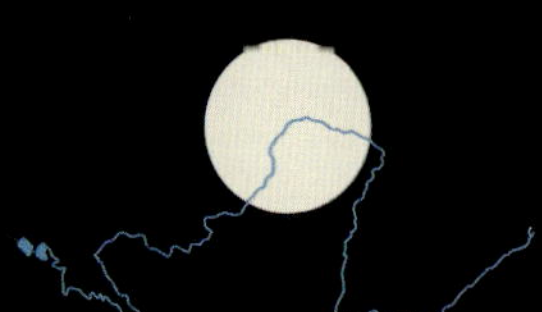

Pages précédentes
Le fleuve Jaune à Shapatou. Le caractère spectaculaire de ce lieu en a fait une destination touristique prisée. Un télésiège a été installé pour remonter la dune qui longe le fleuve.

Page de gauche
Le fleuve Jaune entre dunes et montagnes, au sud de Zhongwei, à Shapatou.

Page de droite, en haut
Un *sülde*, étendard de l'armée mongole. Composé d'une hampe en acier, de crin de cheval et de peaux, il symbolise la victoire de Gengis Khan. Selon la légende, le grand chef de guerre aurait rapporté le *sülde* sur terre après l'avoir reçu au paradis.

LES EAUX DU FLEUVE BAIGNENT LES DUNES ET LA STEPPE.

Le vert des champs accompagne le dragon à travers une région véritablement idyllique. On se croirait dans un rêve, loin de la foule des villes chinoises. Mais de quelle Chine s'agit-il ? Nulle trace ici des immeubles en verre et en béton des métropoles riches et modernes du littoral. Le contraste est criant. Le fleuve déjà chargé de sédiments boueux déroule son ruban jaune à travers des villages isolés, aux maisons de boue séchée qui se serrent les unes contre les autres, comme pour se défendre. Au bord du fleuve, la vie des paysans semble se dérouler à un rythme immuable. Le dragon apporte la vie, c'est pourquoi ils savent, depuis des siècles maintenant, l'utiliser pour irriguer les champs de maïs et de blé et vaincre la sécheresse. Ici, la terre est aride et cruelle : c'est une sorte de boue jaune séchée qui annonce le loess.

Les vastes prairies ont disparu. Peu à peu, le sable envahit la place, s'insinuant çà et là. Et lorsque l'on quitte la province du Gansu pour entrer dans la province de Ningxia, on commence à sentir l'air du désert sous son ciel si pur.

Les hivers sont extrêmement rigoureux et les étés torrides. Ici, le dragon se déploie en épousant le relief avant de s'orienter résolument vers le nord. Les montagnes ne sont pas le seul obstacle, la conscience religieuse des Hui, vaste communauté musulmane, en est un autre. Cette région a toujours constitué l'ultime frontière de l'empire chinois. Ce n'est pas par hasard si le grand fleuve accompagne pendant quelque temps la Grande Muraille. En 1860, déjà, les musulmans se révoltaient contre Pékin et les troupes impériales étouffaient la révolte dans le sang. On raconte que les eaux du fleuve étaient teintées de rouge. Aujourd'hui, les attentes ne portent pas uniquement sur l'autonomie et la liberté de culte. La région est sous-développée, laissée en marge de l'impétueux développement économique, ce qui inquiète Pékin qui craint que ce retard ne soit synonyme de déstabilisation. La pratique du culte et la prière dans les mosquées sont tolérées depuis longtemps. Les années noires de la révolution culturelle sont bien loin désormais. Les Hui sont cependant des musulmans un peu particuliers. Ils sont beaucoup plus ouverts et résolument tolérants, comptant même des imams femmes. Le Ningxia est depuis 1958 une région musulmane autonome. D'un autre côté, comme c'est le cas au Tibet, le gouvernement central encourage l'immigration des Han pour modifier la carte ethnique. Les Hui ne représentent plus aujourd'hui que 30 % de l'ensemble de la population. Il suffit de visiter Yinchuan, la capitale, pour s'en rendre compte. Les calottes blanches des musulmans ont presque entièrement disparu. Les membres de cette infime minorité se concentrent autour de la mosquée. « Si nous sommes plus libres qu'avant ? Bien sûr, mais nous n'oublions pas que c'est Pékin qui nomme les chefs religieux. Tout est sous la coupe du centralisateur. » nous explique un vieillard qui ne veut pas que l'on cite son nom. Il sourit mais son visage affiche sa déception. « La politique a infiltré la hiérarchie religieuse. L'islam et le bouddhisme sont entre les mains des dirigeants. Est-ce qu'ils n'ont pas fait pareil avec les chrétiens ? » s'interroge-t-il.

Pékin applique la même politique à la Mongolie intérieure depuis longtemps, et les résultats sont identiques : les Mongols sont aujourd'hui minoritaires. À cette manœuvre de colonisation vient s'ajouter l'industrie lourde. Ainsi, quand le fleuve Jaune, après une course infinie à travers des terres arides et désertiques, arrive dans la ville de Baotou, prairies et chevaux ont disparu, laissant la place aux cheminées des hauts-fourneaux. Nos espoirs de découvrir de vastes espaces ponctués de yourtes sont déçus. La campagne qui se resserre autour du dragon est un chef-d'œuvre d'ingénierie hydraulique. Un réseau complexe de canaux alimente les cultures. Le fleuve Jaune a fait des Mongols un peuple sédentaire. Ils ont troqué leur cheval contre une pioche. Bien sûr, le mythe de la Horde mongole n'a pas disparu. Au contraire, que ce soit sous les cheminées ou dans les champs, Gengis Khan est plus vivant que jamais. Les descendants des tribus qui, au XIIIe siècle, mirent la moitié de l'Asie à feu et à sang, se souviennent avec fierté de leurs ancêtres. La Grande Muraille était destinée à les arrêter, mais grâce à l'habileté de leur cavalerie, ils réussirent à s'emparer du trône impérial, fondant alors la dynastie Yuan. Pour la première fois, les Chinois tombaient sous le joug étranger. Cette période de gloire atteignit son apogée sous Kublai Khan, l'empereur Jaune que Marco Polo rencontra pendant l'un de ses voyages sur la route de la Soie. Ironie du sort cependant, pour garder le pouvoir, les nomades furent contraints de se transformer en sédentaires. Et c'est ainsi que déjà, il y a des siècles, les Mongols durent abandonner leur mode de vie pour se faire plus chinois.

PAGE DE DROITE
Dans la province de Ningxia, la présence de la minorité islamique hui est significative. Deux jeunes gens se promènent sur l'immense esplanade de la nouvelle mosquée. Celle-ci a été construite en 2006 à Yongning, au sud de Yinchuan, à l'emplacement d'un ancien sanctuaire islamique sacré détruit pendant la période de la révolution culturelle.

PAGES SUIVANTES
La mer de sable du désert de Tengger s'étend à l'ouest du fleuve Jaune.

Page de gauche
L'un des plus grands moulins à eau installés le long du fleuve Jaune pour recueillir et distribuer dans les campagnes l'eau qui va servir à irriguer les rizières et les champs de froment. La survie de l'agriculture est liée à l'étroit réseau de canaux qui part du grand dragon.

Page de droite
L'intérieur du temple des 108 *dagobe*, structures de forme conique correspondant au stûpa bouddhique des monastères tibétains. Le temple est situé au flanc de la rive orientale du fleuve Jaune.

Pages suivantes
Ces deux hommes en pleine conversation sont suspendus au câble d'un téléphérique, près du grand barrage construit aux portes de Zhongwei.

Pour trouver la steppe, la vraie, il faut aller beaucoup plus loin que le fleuve Jaune, au nord, droit vers la frontière russe. « En Mongolie intérieure, on ne vit plus sous la tente », affirme avec orgueil notre jeune traductrice, Zhao. Ici, le progrès s'est fait sa place et bien souvent, en Chine intérieure, la fin de la misère et de la pauvreté se traduit par un appartement ou une maison de briques neuve, dont les murs sont couverts d'un carrelage étincelant. Zhao parle couramment l'anglais et affirme sa fierté d'être mongole. Elle me fait remarquer ses pommettes plus hautes que celles des Han et sa peau légèrement dorée mais ajoute : « Nous sommes émancipés, c'est vrai, mais nous avons perdu nos racines. Je ne parle plus le mongol comme mes parents. Mais qu'est-ce qu'on peut y faire ? C'est inévitable aujourd'hui. » Zhao nous salue. Un chameau de Bactriane l'attend ; dans quelques minutes, elle aura disparu dans les sables du désert. Étrange désert cependant. Celui-ci est doté d'un télésiège qui permet d'accéder à une autre dune. À deux pas de là, quelques Chinois descendent la dune à ski, d'autres s'amusent comme des enfants à sauter entre les dunes sur de gros véhicules tout-terrain. Nous sommes à Sand Sounding Bay, une sorte de Disneyland, au sud de la ville d'Ordos, à une cinquantaine de kilomètres du fleuve Jaune. Ici, les bus arrivent par dizaines, déversant des groupes de touristes bruyants qui veulent, comme on dit, faire l'expérience du désert. Non loin d'Ordos (la toponymie confirme que ce nom vient de celui de la Horde mongole) se trouve également le site où, selon toute vraisemblance, le corps de Gengis Khan a été conservé sous une yourte pendant des siècles. Aujourd'hui, la simple tente de peau a été remplacée par un mausolée impressionnant où les Mongols viennent prier, comme s'ils avaient élu ce grand chef de guerre impitoyable au paradis des saints.

Page de droite
La statue en bronze de Gengis Khan se dresse devant l'imposant mausolée érigé près de la ville d'Ordos, sur le plateau où le grand conquérant aurait trouvé la mort. Le bâtiment a l'aspect de trois grandes yourtes. Le célèbre guerrier unit sous son sceptre, pour la première fois dans l'histoire, les tribus mongoles, fondant le plus vaste empire jamais connu. Écrasant l'armée de la dynastie chinoise des Jin, il devient le maître incontesté de la Chine. Au moment où Marco Polo rencontre son petit-fils Kublai Khan, l'empire mongol connaît une période de faste et de grandes richesses.

Pages suivantes
Un Mongol guide un troupeau de chevaux : sa longue perche qui se termine par un lasso sert à attraper les animaux par l'encolure.

Page de gauche
Un berger rentre ses chameaux à l'écurie. Le nomadisme a presque entièrement disparu, mais on élève encore des moutons. L'élevage des chameaux de Bactriane se fait lui aussi de plus en plus rare. Lorsque l'on parcourt les territoires déserts à l'ouest et au nord du fleuve Jaune, on tombe parfois sur de grands troupeaux semi-sauvages broutant paisiblement.

Page de droite
La vie dans la prairie suit un rythme ancestral, ce qui ne signifie pas que ses habitants ont renoncé au progrès comme en témoigne l'installation de cette antenne satellite à côté d'une simple yourte mongole du nom de « ger ».

Le mausolée de Gengis Khan, sur le plateau d'Ordos, est un lieu de pèlerinage, comme si le tombeau du célèbre guerrier était un sanctuaire religieux. À l'intérieur, une énorme lampe alimentée au beurre de yak brûle en permanence depuis 1227, date de la mort du grand conquérant.
À GAUCHE, un groupe de jeunes gens se prosterne devant l'autel sacrificiel réservé aux hommes. On remarque les *sülde*, étendards rouges de l'armée mongole.
À DROITE, une jeune femme, arrivée avec ses amies de la ville de Hohhot, a revêtu le costume mongol traditionnel pour venir prier au mausolée. Elle accroche ici une écharpe sur un autel. Ses vêtements traditionnels traduisent sa fierté d'appartenir à cette ethnie et contrastent avec les vêtements modernes et les vestes en jean. Aujourd'hui, on ne porte ces riches costumes de soie et les bijoux d'autrefois que pour les occasions spéciales.

PAGES SUIVANTES
Un groupe de jeunes gens assiste au Nadaam, une fête célébrée l'été dans certains villages de Mongolie intérieure, suivant une tradition vieille de plusieurs siècles.

Ces jeunes filles vêtues du costume traditionnel mongol accueillent un groupe d'invités en route pour une fête dans la steppe. L'écharpe blanche sera nouée autour de leur cou en signe de bienvenue : une coutume que Mongols et Tibétains ont en commun. Les deux peuples, outre le bouddhisme, partagent de nombreuses coutumes.

PAGES SUIVANTES
PAGES 132-133
Sand Sounding Bay est une sorte de Disneyland. Dans les dunes du désert qui s'étend au sud du fleuve Jaune, non loin de la grande ville industrielle de Baotou, des touristes chinois s'offrent une promenade sur les chameaux de Bactriane.

PAGES 134-135
Un jeune couple qui vient de célébrer son mariage s'amuse à se prendre en photo dans les dunes de Sand Sounding Bay.

BASIC

La lutte est une activité sportive nationale chez les Mongols, au même titre que les courses de chevaux et le tir à l'arc. En été, de grandes rencontres sont organisées pendant le Nadaam.
La lutte, ou *böke*, était déjà prisée à l'époque de Gengis Khan. Elle permettait aux soldats de s'entraîner entre les combats et servait à l'occasion à éliminer un rival politique.
Il existe deux grandes techniques de combat : celle de la République de Mongolie et celle de la Mongolie intérieure chinoise. Ces deux techniques s'appuient toutefois sur une règle de base commune : le combat n'est pas limité dans le temps et ne se termine que lorsque le lutteur parvient à terrasser son adversaire.

Pages suivantes
Pages 138-139
Le fleuve Jaune sous les ponts autoroutier et ferroviaire à Baotou.

Pages 140-141
À Hohhot, un *paifang* (portique chinois) se dresse devant une rangée de logements populaires (on remarque les inscriptions bilingues, en mongol et en chinois).

由此登船
乘坐快艇

雪办公
旭升床上用品劳保天
五金机电劳

光华五金
电动工具

Au pied de la Grande Muraille

恒康乳业

Pages précédentes
Le mur des neufs dragons, vestige de la Chine antique, à Datong. Autrefois situé devant un bâtiment détruit par un incendie, ce mur de 8 m de haut se dresse, solitaire, parmi des immeubles de béton. Selon la tradition chinoise, il avait pour but d'éloigner les mauvais génies qui ne se déplaçaient qu'en file indienne. Sur le mur, les neufs dragons qui sortent de l'eau sont représentés sur des carreaux de céramique vernissée de couleurs vives.

Page de gauche
Petite fille lors d'une fête populaire à Jinci. L'enfant a revêtu le costume de soie traditionnel pour la photo souvenir : une façon de remettre à la mode les vêtements traditionnels interdits pendant la révolution culturelle.

Page de droite, en haut
Les pèlerins, en chemin pour les monastères du Wutai Shan, viennent toucher l'idéogramme chinois signifiant bouddha.

AU PIED DE LA GRANDE MURAILLE. Après avoir fait le gros dos en Mongolie intérieure, le fleuve Jaune forme un coude vers le sud où il se charge de sédiments supplémentaires et de boues, jaunes évidemment. Le dragon fend la montagne telle une épée, creuse des gorges et des vallées et engendre rapides et cascades. Il emporte tout sur son passage, fougueux comme un jeune garçon qui ne maîtrise pas sa force. Il transperce les hauts plateaux que les géologues appellent le loess et les Chinois « terres jaunes ». Dans sa course impétueuse et dangereuse, le dragon dévale la vallée de Qingshen et marque sur 700 kilomètres la frontière entre la province du Shaanxi à l'ouest et la province du Shanxi à l'est.

La province du Shanxi – 32 millions d'habitants, ce qui est peu pour la Chine – est une terre pauvre dont la seule richesse est le charbon. La pollution y est très élevée : l'air empeste aux abords des grandes agglomérations urbaines. Mais le Shanxi s'enorgueillit de posséder de précieux vestiges de la Chine d'autrefois que les siècles et le maoïsme ont, d'un commun accord, réduits en poussière dans le reste du pays.

« Je prie les dieux comme me l'a appris mon grand-père. Il me l'a montré en cachette. À l'époque, c'était interdit ! » Monsieur Liang parle assez bien l'anglais. Il a appris la langue des affaires par obligation. Il dirige une entreprise qui fabrique des chaussures de sport qu'il exporte à l'étranger. Son salaire, qui approche les 1 000 euros, est dix fois plus élevé que celui d'un ouvrier. Dans les lunettes noires de monsieur Liang, se reflète la silhouette imposante du bouddha sculpté dans la falaise. Nous sommes devant les spectaculaires grottes sacrées de Yungang, aux portes de Datong. Monsieur Liang serre dans ses mains une gerbe multicolore de bâtonnets d'encens qu'il commence à allumer.

« Pourquoi est-ce que je viens ici ? C'est simple, pour remercier la bonne fortune, maintenant que je suis riche, je ne tiens pas à tout perdre », explique-t-il avec conviction. « Avant, ce n'était pas permis, aujourd'hui si. On ne pouvait pas s'enrichir, on ne pouvait pas prier. » Maintenant que tout a changé, l'argent et la religion vont de pair : ils incarnent la modernité chinoise. Les temples fermés par l'orthodoxie maoïste sont devenus des musées. Il faut payer pour entrer mais à l'intérieur, chacun est libre de pratiquer sa religion, confucianisme, taoïsme ou bouddhisme. Contraints de se terrer pendant des dizaines d'années, les moines sont sortis de l'ombre. Les ministres du culte ont recommencé à officier et à encaisser les offrandes des fidèles. Celles-ci sont généreuses : les nouveaux riches ne regardent pas à la dépense. Ils savent que pour s'assurer la bonne fortune, ils ne doivent pas se montrer avares et ils n'hésitent pas à donner des billets de 100 et de 500 yuans, l'équivalent de 10 ou de 50 euros, des sommes considérables à l'échelle chinoise.

Le soleil perce faiblement la brume à présent. En été, on voit rarement le ciel bleu. Le Shanxi annonce l'essor de l'automobile des régions plus riches de la Chine. Les Toyota flambant neufs se mêlent aux camions chargés de charbon qui peinent sur les routes pleines de trous. La nouvelle autoroute à quatre voies brille au milieu des collines parsemées de villages dont les maisons aux toits en pagode et aux tuiles vernissées traditionnelles se cachent derrière de hauts murs. La Chine d'hier résiste au béton. Dans les campagnes, l'âme chinoise est toujours présente, bien ancrée dans les traditions, les costumes, les modes de vie. Le confucianisme implique le sens de la famille et le respect de l'autorité : la soumission flotte dans l'air que l'on respire. Le régime le sait et reprend ces préceptes à son compte. « Que les amis entrent, que les ennemis se tiennent à l'écart » peut-on lire sur la porte d'une maison rurale. Un mur contre les mauvais génies se dresse souvent de toute sa hauteur devant l'entrée des demeures les plus riches. Les petits temples des ancêtres sont situés juste derrière la porte principale. La religion populaire reprend vie. Les sanctuaires des divinités protectrices des villages ont été restaurés, et qui plus est, avec l'argent des communes. Ces financements étaient impensables il y a encore quelques années. Les pagodes renaissent de leurs cendres : les deux pagodes du temple Shuangta de Taiyuan ont été restaurées et dotées d'un nouveau parc, afin qu'elles disposent d'un environnement digne de leur importance. À Yingxian, la pagode Mu Ta du IXe siècle, qui compte parmi les édifices en bois les plus vieux de Chine, a bénéficié d'un traitement de luxe : les horribles immeubles construits dans son voisinage ont été démolis et reconstruits, sans regarder à la dépense, dans le plus pur style Ming, avec force décorations et ornements de la Chine antique. Ces imitations criardes sont des copies conformes des édifices qui s'élevaient ici avant l'avènement du communisme. Le temple bouddhique de Jinci est devenu un but de promenade du dimanche : les nombreux visiteurs armés d'appareils photo mitraillent le parc et les pavillons. Dans le temple voisin du mont Tianlong, ils entrent, curieux, pour suivre les rites religieux du vieux prêtre taoïste, à la longue barbe, entièrement vêtu de noir et blanc. Et pour la énième fois, celui-ci prend la pose devant le symbole du yin et du yang.

PAGE DE DROITE
Les habitations chinoises de ce village rural des monts du Wutai Shan semblent impénétrables. Leurs murs élevés cachent une cour sur laquelle donnent de petits bâtiments à un étage.

PAGES SUIVANTES
La navigation n'est possible que dans la partie supérieure du fleuve Jaune.

金桥富路

Page de gauche
Dans un village près de Taiyuan, capitale du Shanxi, le mur en carreaux de céramique qui figure un temple et des inscriptions calligraphiques a été érigé devant une riche propriété pour chasser les mauvais génies. Même si la Chine s'est engagée avec détermination sur la voie du progrès, les croyances populaires sont encore profondément ancrées.

Page de droite
Trois garçons en train de jouer dans un village de montagne de la région de Heng Shan.
Loin des grandes villes, les maisons ont conservé les caractéristiques de l'architecture traditionnelle chinoise avec les toits en pagode, les tuiles vernissées et les lourdes portes d'entrée encastrées dans d'épais murs de briques.

La Grande Muraille s'élève entre les monts qui enserrent le fleuve Jaune dans la partie qui marque la frontière entre les provinces du Shaanxi et du Shanxi. Pour construire cet interminable bastion défensif, on a utilisé ici le sol riche en argile, donnant ainsi à la muraille l'aspect d'un long serpent de boue séchée. Ici et là, les tours de guet se dressent, solitaires au sommet des collines, signant de leur silhouette le territoire où le fleuve Jaune se fraye son chemin.

Pages suivantes
La pagode Mu Ta de Yingxian compte parmi les plus vieux édifices en bois de Chine. Les immeubles voisins en béton ont été démolis et reconstruits dans le style Ming, avec des décorations et des ornements de la Chine antique. Taiyuan, capitale du Shanxi, est aujourd'hui en plein essor, bien que cette province soit en retard sur le reste de la Chine. Ici, les contrastes sont évidents. Dans le centre, les vieux bâtiments ont été abattus pour laisser place à des immeubles modernes et éclatants qui accueillent magasins et centres commerciaux mais derrière, dans les rues adjacentes, le style de la Chine d'hier et les *hutong* (ruelles) aux maisons cachées derrière de hauts murs ont survécu dans les vieux quartiers.

浮圖寶剎

PAGE DE GAUCHE
Un couple de jeune époux s'adresse à un diseur de bonne aventure pour connaître son avenir. Les questions sur la fortune, la santé et les enfants sont les plus courantes.

PAGE DE DROITE
Quelques anciens paressent devant un centre commercial. La disparition des *hutong* (ruelles) contraint les vieux Chinois à changer de vie, car ils n'ont plus d'endroit où se retrouver.

纤丝鸟
纤丝鸟
专业专注·品质内衣
我心飞翔
二楼内衣区销售

Deux scènes de la vie quotidienne dans les petites villes du Shanxi sur la route entre Datong et Taiyuan.
À GAUCHE, une marchande de nouilles ambulante s'affaire pendant que ses enfants jouent sur une bicyclette.
À DROITE, un marchand porte la tenue à la mode sous Mao. Autrefois très en vogue, ce style de vêtements est désormais totalement démodé dans les villes et les provinces les plus avancées.

L'air est pur. Nous avons laissé derrière nous les routes encombrées du Shanxi. Nous sommes à 1 800 mètres d'altitude, dans le Wutai Shan. Ce Vatican du bouddhisme chinois abrite une véritable concentration de monastères des différents ordres mahayana, qu'ils soient de l'école chan (la plus répandue en Chine) ou de l'école vajrayana, celle des lamaïstes tibétains. On accède au Wutai Shan après avoir traversé des forêts et des villages de montagne. La vie est simple, rudimentaire. Les paysages sont formés de champs, de vergers et de pâturages. On y pratique une agriculture de subsistance. La furie des gardes rouges qui avaient détruit une quarantaine de monastères – Chu En Lai serait intervenu en personne pour sauver ce patrimoine historique dont les temples les plus vieux ont plus de deux mille ans – avait entraîné la disparition du Wutai Shan. Il avait été rayé de la carte comme l'enfant oublié de l'opium du peuple. Puis, le tabou étant levé, il s'est réveillé, se transformant en destination religieuse et touristique, bien sûr. Restaurants et auberges ont poussé comme des champignons. « Good, very good » m'explique un jeune moine du nom de Wang. Il porte une tunique grise et des chaussons jaunes, la tenue traditionnelle des bouddhistes chinois. Avec son chapeau de paille, il ressemble à un Vietnamien. « Le tourisme est la principale source de revenus des monastères. Les touristes nous donnent des offrandes, sinon de quoi vivrait-on ? » L'écho des gongs se perd dans l'air. Puis, on entend la voix perçante d'une chanteuse et les cloches. L'opéra chinois va commencer dans la cour du temple Wu Ye Miuo. Il n'est que dix heures du matin, mais, déjà, la foule a accouru, nombreuse. Quelle variété dans les tenues ! Chaussures de sport, jogging, vêtements de soie, vestes à col Mao, bottes : une synthèse de la Chine nouvelle tournée vers le progrès. Le théâtre dans la maison de Dieu ? Il n'y a pas lieu de s'étonner. C'est le temple qui organise l'opéra, les acteurs viennent des plus grands théâtres de Chine et sont très fiers de se produire ici, devant les touristes. Pardon, les pèlerins.

PAGE DE DROITE
Le célèbre pont en zigzag du temple Jinci. Cet ouvrage religieux qui remonte au XIe siècle av. J.-C. a été érigé en l'honneur des divinités chinoises.

PAGES SUIVANTES
Chapelle bouddhique dans l'extraordinaire monastère suspendu de Xuankong Si.

PAGE DE GAUCHE
Bâti il y a 1 400 ans, le monastère suspendu de Xuankong Si surgit à 75 kilomètres de Datong au cœur des monts Heng Shan. Sa structure à plusieurs étages est soutenue par des dizaines de perches de bois, longues et fines. À l'intérieur, 40 petits pavillons sont reliés entre eux par des passerelles suspendues dans le vide. La roche en saillie le protège des intempéries, faisant office de parapluie, tandis que les cimes environnantes l'abritent du soleil bien qu'en été, le monastère ne soit éclairé que trois heures par jour. Ceci explique peut-être pourquoi le bâtiment est demeuré intact après des millénaires. Le temple est dédié aux trois religions chinoises, intégrant le bouddhisme, le taoïsme et le confucianisme. Ce syncrétisme est caractéristique de la Chine qui absorbe les autres cultures, trouvant des ressemblances et gommant les éventuelles divergences. Les contradictions sont aplanies et finalement éliminées, le christianisme et l'islam introduits en Chine par l'Occident furent en quelque sorte « adaptés » aux nouveaux besoins chinois.

PAGE DE DROITE
Moine en prière dans le monastère de Xuankong Si.

Le visage concentré d'une actrice en train de se maquiller avant une représentation de l'opéra chinois au temple Wu Ye à Taihuai, petite ville située à 3 058 mètres d'altitude dans les monts du Wutai Shan. La musique et la danse sont au centre de cette forme particulière de théâtre, les personnages incarnant des archétypes. Les acteurs viennent des quatre coins de Chine pour se produire sur la scène du Wutai Shan. L'opéra et la musique populaire ont un public très large. Dans les parcs des villes, il n'est pas rare de tomber sur des groupes d'hommes et de femmes qui jouent et dansent sur des thèmes traditionnels.

Page de gauche
Une touriste prend la pose pour une photo dans le temple Pusa Din.

Page de droite
Une vue du monastère Tayuan, l'édifice principal du complexe religieux. Ces dernières années, le village monastique bouddhique est devenu une destination touristico-religieuse.
Outre le lamaïsme tibétain, presque toutes les écoles bouddhiques y sont représentées. La plus populaire est l'école jingtu ou école de la terre pure. Elle voue sa foi à Amitabha, bouddha reconnu dans le courant mahayana. Selon la légende, Amitabha est un ancien roi qui devint bouddha pour sauver ses semblables et fonda un nouveau règne de joie et de sagesse. Parmi les bodhisattvas, la divinité féminine Guanyin, déesse de la miséricorde, est, elle aussi, l'objet d'une grande vénération. Le village abrite également l'école chan, plus connue sous le vocable japonais de zen, qui soutient que l'illumination advient sans que l'on s'y attende et refuse la spéculation théologique et le culte des textes écrits. En réaction à cette tendance, l'école piantai se fonde sur un équilibre entre la méditation, la discipline morale, l'étude et les rites. Autre branche importante du bouddhisme chinois, l'école zhenyan connue également sous le nom de tantrisme, enseigne à ses adeptes qu'ils peuvent tenter d'atteindre le salut grâce à des cérémonies et des formules magiques.

Pages suivantes
Une vue du fleuve Fenhe, un affluent du fleuve Jaune.

Sur les traces des lanternes rouges

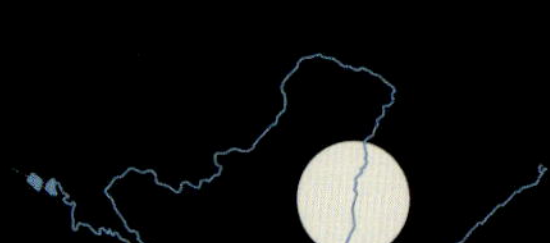

讀書好經商亦好學好
静怡

PAGES PRÉCÉDENTES
Cour intérieure de la maison Qiao, dans le village de Qiaojiabu. La maison servit de décor au film du réalisateur Zhang Yimou, *Épouses et concubines*. Les accessoires utilisés pour le tournage sont restés en place pour les visiteurs. Construite il y a 200 ans environ, la maison Qiao a été plusieurs fois modernisée. Elle ressemble à un fortin caché derrière un mur de briques de 10 m de haut. Le plan de la demeure, constituée de 16 cours principales, de 19 cours secondaires et de 313 chambres a été admirablement dessiné afin de représenter le caractère chinois de « la double félicité ».

PAGE DE GAUCHE
Détail du spectaculaire dragon en céramique vernissée posté sur le toit du temple Cheng Huang à Pingyao.

PAGE DE DROITE
Une fresque du temple Zhenguo érigé aux portes de Pingyao.

SUR LES TRACES DES LANTERNES ROUGES. « Nihao » : la femme m'interpelle d'un bonjour. Je suis sous l'imposante tour centrale, tout en bois, le cœur de la ville qui domine les toits en pagode. « Vous cherchez un hôtel. Venez, s'il vous plaît, bon prix. » Elle porte la *qipao* traditionnelle chinoise, une robe de soie moulante fendue jusqu'aux cuisses. Elle a beaucoup de charme et ses manières sont excellentes. Elle s'en sert pour amadouer les clients qui viennent d'arriver en ville. Celle-ci est étonnamment silencieuse : ni auto ni moto mais des pousse-pousse et des vélos. Pingyao est une anomalie dans une Chine affairée, et chaotique et mérite le détour qu'y fait le fleuve Jaune – le dragon a laissé ici des traces indélébiles. Une fois passé l'imposant rempart, la ville se dévoile, telle une carte postale de la période Ming, époque pendant laquelle l'Europe était déjà une grande consommatrice de « chinoiseries » : soie, porcelaine, meubles laqués, vêtements richement brodés, jade, thé, etc. Les commerces étaient florissants sur la route de la Soie, comme le raconte Marco Polo dans ses récits. L'aisance, le luxe et un esthétisme raffiné donnaient l'image d'un pays riche et prospère. Aujourd'hui, il reste peu de chose de la grande Chine d'alors. Presque tout ce qui n'a pas été écrasé par le rouleau compresseur du temps est parti en poussière et en cendres, victime de la folie de la révolution culturelle. Pingyao est une exception et a été classée au patrimoine mondial par l'Unesco. Ici, la Chine antique reprend vie sans qu'on s'y attende. Après une léthargie de plusieurs décennies, la cité se réveille grâce aux touristes. Les premiers sont les Chinois, qui l'aiment comme une part de leur âme. Ils viennent de Pékin, de Shangai, de Hong-Kong, mais aussi de Taiwan et de Singapour. Ils y cherchent leurs racines, ce qu'ils ont perdu ou ce qu'ils ont détruit. Quand ils découvrent Pingyao pour la première fois, ils restent bouche bée. Ils contemplent avec admiration les ruelles étroites, les murs immenses de briques grises, les toits en pagode arborant une multitude d'ornements architecturaux : tuiles vernissées, panneaux décorés de miniatures, linteaux sculptés, portails et statues de pierre, et bien sûr les lanternes rouges. Le soir, celles-ci enveloppent de leur couleur chaude les hommes et les choses, comme les pousse-pousse qui semblent se matérialiser dans le noir. Ils voient aussi pour la première fois les magasins fermés par des rideaux, les temples aux portiques de pierre sculptés – les *paifang* –, les barbacanes et les demeures nobiliaires aux riches cours intérieures. Pingyao regorge de richesses dignes de mandarins. « Cette ville est typique de la ville des Han, la ville des Chinois. De nos origines. C'est ici que sont les racines du pays du Dragon », m'explique Tang avec une fierté nationaliste évidente. Il a vingt-cinq ans, il est tout juste diplômé en architecture et espère pouvoir travailler ici, peut-être en obtenant à terme un contrat de gardien de musée. Au cours de ces dernières années, la ville a connu une petite révolution. Jamais on n'avait vu autant de monde affluer dans les rues. Le résultat est stupéfiant : les billets d'entrée des musées représentent près de 1,2 million de dollars par an. Un chiffre exorbitant pour la Chine. Les hommes politiques qui ont décidé de protéger Pingyao à tout prix ont réinvesti des sommes phénoménales pour sa restauration. Mais ils ont aussi rédigé un projet prévoyant de déloger du centre-ville une grande partie de ses 47 000 habitants. Pour préserver la ville, seuls 20 000 habitants pourront rester. Une partie de ce projet est déjà en application mais tout le monde n'est pas d'accord. Certains craignent que la ville ne devienne un musée. D'autres, au contraire, se réjouissent à la perspective de s'installer dans des appartements neufs en dehors de la ville. Le mirage du progrès fait des adeptes, surtout parmi les propriétaires des vieilles maisons du centre historique qui n'ont jamais été restaurées. Et le jeune Tang d'ajouter : « Il n'y a pas d'autre solution si l'on veut sauver la ville, sinon tout finira par disparaître. Il y a des bureaux et des entreprises qui pourraient très bien s'installer en dehors du centre historique. Pingyao est une relique, il faut la défendre et la protéger comme une espèce en voie d'extinction. C'est notre panda architectural. » Cette politique de préservation se fait au nom de l'argent : autrefois, c'était l'idéologie qui dictait les choix politiques, aujourd'hui, c'est l'argent. Le tourisme, activité bourgeoise négligée par le régime il y a encore quelques années, est désormais un commerce florissant. Il fait marcher l'économie de la ville. C'est la raison pour laquelle on rouvre les lieux de culte.fermés et laissés à l'abandon. Rivalisant désormais entre eux, les temples sont restaurés et souvent entièrement reconstruits sans respect pour l'édifice original. À Confucius, Lao Tseu et Bouddha, qui cohabitent dans un nouveau souffle religieux, vient s'ajouter le culte du Dieu de la ville, une divinité qui s'enorgueillit d'un splendide édifice sacré dont les toits en céramique vernissée bleu et vert sont les plus beaux de Pingyao.

Page de droite
Cordonniers photographiés dans les rues de Pingyao. Les chaussons chinois, notamment les modèles élaborés et aux matériaux précieux, sont très prisés par les touristes.

Pages suivantes
Le rempart de Pingyao mesure 6 400 m de long et 10 m de haut. Cette muraille, qui daterait du IXe siècle environ av. J.-C., a été entièrement reconstruite en 1370 pendant la dynastie Ming, sous le règne de l'impératrice Hongwu, lorsqu'il a fallu repousser les limites de la ville. Elle est jalonnée de six portes d'entrée imposantes et de 72 tours de guet (le chiffre 71 représente le nombre de disciples de Confucius, plus une, baptisée la Tour du Dieu de la Littérature). D'une superficie de 2,25 km^2, la ville a été construite selon des critères précis afin de ressembler au dos d'une tortue. On compte quatre grandes avenues, huit rues latérales et 72 ruelles perpendiculaires.

千祥雲集
葡萄糖饮料

Page de gauche
Une touriste chinoise se fait photographier sur le traditionnel pousse-pousse.

Page de droite
L'entrée du temple du Dieu de la ville, dédié à Shui Hong, divinité chargée des eaux des fleuves destinées à l'agriculture et l'irrigation. L'édifice d'origine remonte au XIVe siècle, mais le temple actuel date de la période Qing. Les toits sont ornés d'acrotères qui représentent des personnages de la mythologie en céramique vernissée. Superbe, le *paifang* ou portique d'entrée témoigne d'un grand savoir-faire : il est orné de motifs et de *dougong*, système d'insertion de consoles aux couleurs vives, comme le veut la tradition.

Pages suivantes
La tour centrale, entièrement en bois, mesure 18,50 m de haut. Avec ses trois étages, elle permettait aux autorités de surveiller les échoppes et le marché à ses pieds. Les activités marchandes se concentrent sur deux axes principaux : la rue Est et la rue Sud. C'est ici que la ville compte le plus grand nombre de bâtiments anciens, environ 400, dont la plupart sont aujourd'hui des musées. Le plus célèbre est celui qui abrite la banque Ri Sheng Chang, première banque chinoise. D'autres bâtiments sont le siège d'institutions, à l'instar de l'ancien tribunal, le *yamen*, et des demeures des riches marchands du XIXe siècle. La maison Lai Lutaï qui appartenait à l'un des hommes d'affaires les plus connus de la ville est l'une des plus luxueuses.

平遥
新华旅游
5636900
5683888
永隆漆藝
平遥
新华旅游

推光漆器

權位獨尊聖人設教
都市王
yamarājā

PAGE DE GAUCHE
L'intérieur du temple de Shuanglin, dont la fondation remonte à plus de 1 500 ans. Son principal trésor est constitué des 2 000 sculptures réalisées sous la dynastie Ming, miraculeusement sauvées de la furie destructrice des gardes rouges. Réparties dans onze bâtiments, les sculptures en bois et en plâtre – certaines sont sculptées, d'autres gravées – représentent des divinités ou bodhisattvas, des êtres illuminés, des paysages avec des fleurs, des oiseaux, des montagnes, des fleuves, des maisons et des temples.

PAGE DE DROITE
Jeune élève de l'école d'art locale en train d'exécuter avec une extrême précision la copie en argile de l'une des célèbres statues du temple de Shuanglin.

Nous avons laissé le fleuve Jaune à l'ouest, mais nous n'avons pas quitté les terres jaunes. On ne quitte jamais les terres jaunes. Nous sommes encore dans le sillage des lanternes rouges, à la recherche des derniers vestiges de la Chine antique. De ce point de vue, le Shanxi recèle un trésor immense, même si souvent on doit fermer les yeux pour ne pas voir l'asphyxie territoriale due à l'explosion démographique. Entre les villages congestionnés, les villes sorties de terre trop vite et l'enchevêtrement de leurs rues, il faut une bonne dose d'obstination pour suivre les signes laissés par le dragon chinois au fil des siècles. À force, toutefois, on finit par dénicher une petite douzaine d'anciennes demeures ayant appartenu à des mandarins, des hommes d'affaires ou des marchands. Ce sont souvent de véritables perles perdues au milieu d'un imbroglio urbain. La plus célèbre est la maison Qiao, décor du film du réalisateur Zhang Yimou, *Épouses et concubines*, dans lequel l'actrice Gong Li tient le rôle d'une concubine. La maison, ancienne propriété d'un marchand « capitaliste » comme le précisent les guides locaux, est prise d'assaut par les touristes chinois. On peut à peine mettre un pied devant l'autre lors de la visite des différentes cours et des 313 pièces. Les accessoires utilisés pendant le tournage ont été laissés en place pour les visiteurs, déclenchant une folie de flashes. Malgré sa renommée, la maison Qiao n'est ni la plus grande, ni la plus représentative de la province du Shanxi. La maison des Wang, dans la ville de Jingsheng, qui compte 55 cours et 1 083 pièces est la plus vaste et possède le tracé le plus spectaculaire. À côté d'elle, tout juste séparée par une petite vallée naturelle, une maison pratiquement identique a été construite. Quand je demande pourquoi, on me répond que l'édifice abritera un nouvel hôtel. Je hasarde un nom : « Photocopie hôtel ? »

PAGE DE DROITE
Vue des toits de la maison Wang à Jingsheng.
Sur une superficie de 15 000 m^2, les deux résidences distinctes qui la composent comptent 55 cours et plus de 1 080 pièces. Entièrement murée, la résidence de l'Ouest a été construite à flanc de montagne. La résidence de l'Est a, elle, été conçue de sorte que son plan forme le caractère chinois de la famille Wang, les propriétaires, à savoir une branche verticale que coupent trois branches horizontales.
Les Wang furent l'une des familles de nobles les plus importantes du Shanxi. De superbes sculptures et bas-reliefs représentent des scènes de la vie quotidienne dans la Chine antique.

PAGE DE GAUCHE
L'entrée d'une maison, à Jingsheng. L'idéogramme que l'on peut lire, à peine passé la porte des maisons chinoises, souhaite prospérité, abondance et félicité.

PAGE DE DROITE
L'entrée de la maison Cao, splendide demeure nobiliaire située près de la ville de Taigu.

PAGES SUIVANTES
Détail d'architecture typique des maisons chinoises : le *dougong* est un système sophistiqué d'insertion de consoles qui supportent le toit. Comme on le voit ici, la solution technique n'a pas seulement valeur fonctionnelle mais aussi esthétique. Les poutres multicolores deviennent l'expression d'un art de la construction.

志欲光前惟是詩書教子
三多堂博物馆
售票处
TICKET OFFICE
售票处

車

Les Chinois ont l'habitude de passer une grande partie de leur temps libre à se reposer et à discuter dehors, sur le seuil de la maison. Dans les maisons traditionnelles chinoises, c'est la géomancie qui dicte les règles de construction. Sur le plan, la maison forme le caractère chinois qui signifie soleil. Autrefois, les riches postaient deux lions devant la porte d'entrée pour protéger leur demeure du mauvais sort.
À GAUCHE, des hommes jouant aux dames chinoises dans la rue.
À DROITE, deux vieilles femmes chinoises, assises pour bavarder, observent le va-et-vient des passants.

PAGES SUIVANTES
Portrait de Mao au milieu du bric-à-brac d'un brocanteur. Mao Zedong établit son quartier général à Yan'an, près du fleuve Jaune, ce qui explique pourquoi la ville est considérée comme le berceau de la révolution communiste. Autrefois très fréquenté, le musée de la Révolution est désormais une sorte d'attraction touristique.

Page de gauche
Ces deux étudiants de l'université en visite à Yan'an se font photographier devant ce qui fut le refuge de Mao. La jeune fille a revêtu l'uniforme que portaient les soldats pendant la longue marche.

Page de droite
Venu d'un village de campagne, un groupe d'hommes et de femmes inscrits au parti communiste pose, le point levé, devant une photo de Mao, jeune. Tandis que le groupe entonne des chansons reprenant les slogans communistes, les trois accompagnateurs filment la scène.

中國工農紅軍陝北紅軍
中國工農紅軍第四方面軍
中國工農紅軍第二方面軍
中國工農紅軍第一方面軍

Quittant la grande prairie mongole, le fleuve Jaune marque la frontière entre les provinces du Shaanxi et du Shanxi, s'écoulant dans un lit profond creusé au fil des millénaires entre les montagnes des plateaux de loess où ses eaux se chargent de sédiments boueux. Ici, le fleuve arrose un îlot rocheux relié par un pont suspendu à la petite ville de Meg Men. La grande statue que l'on aperçoit sur la gauche a été érigée en l'honneur de l'empereur Yu le Grand, célèbre pour ses grands travaux hydrauliques qui, pour la première fois dans l'histoire de la Chine, permirent de contrôler les inondations dangereuses du fleuve Jaune.

PAGES SUIVANTES
Les impressionnantes cascades de Hukou.

Aux racines
de la civilisation chinoise

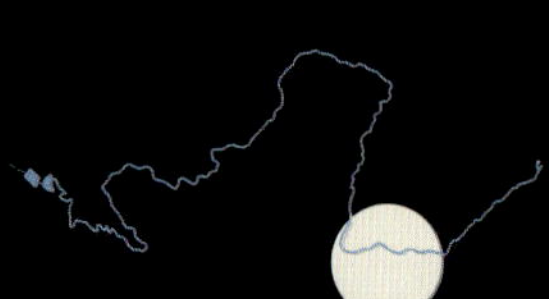

PAGES PRÉCÉDENTES
L'étonnante armée de terre cuite de l'empereur Qin Shi Huang, mise au jour aux portes de Xi'an, à Xianyang, près de la capitale de la Chine au IIIe siècle av. J.-C. Le site a été découvert par hasard en 1974 par des paysans qui creusaient un puits. Devenue la principale attraction touristique de Xi'an, elle attire chaque année des centaines de milliers de touristes.

PAGE DE GAUCHE
Le temple de Xiang Shan au petit matin, surplombant le Yi, un affluent du dragon. Le village porte le nom de Longmen, « la porte du dragon ». Ici, le fleuve se resserre entre les versants des monts Xiang. Selon la légende, l'empereur Yu le Grand aurait lui-même ouvert une brèche dans la montagne pour libérer le dragon de ses entrailles.

EN HAUT, À DROITE
Le visage féroce d'un *lishi*, gardien défendant l'entrée de la grotte du grand Bouddha de Longmen.

AUX RACINES DE LA CIVILISATION CHINOISE.

La jeune fille se pavane en actionnant l'énorme cloche de la vieille tour d'époque Tang qui se dresse au centre de Xi'an, la capitale du Shaanxi. Pour jouir de ce privilège, elle a payé une bonne poignée de yuans. Elle rit, l'air amusé, tandis que son fiancé la regarde en jubilant. Elle ne porte que des vêtements de marque. Il arbore lui aussi le parfait style chinois « nouveau riche » : Rolex au poignet (modèle signé ou copie ?), jogging Nike (vrai ou imitation ?). La mode est aux contrefaçons en Chine : les vêtements copiés coûtent dix fois moins cher que les originaux. En fin de compte, tout le monde achète des contrefaçons ici. Et puis, pourquoi dépenser plus dans les boutiques ? À Xi'an, on ne plaisante pas en matière de shopping. On y trouve tout ce qui se fait de mieux dans le pays, il suffit de faire un saut dans l'un des centres commerciaux pour s'en rendre compte. Pour un peu, on se croirait en Occident.

Depuis plus de 4 000 ans, Xi'an joue un rôle de premier plan. Avec ses 7 millions d'habitants, cette mégalopole industrielle et commerciale est un monstre sacré. Ici, le dragon plonge ses racines dans l'histoire. Ultime étape de la route de la soie, Xi'an fut capitale impériale entre l'an 1 000 av. J.-C et l'an 1 000 apr. J.-C. C'est ici que fut enterrée l'extraordinaire armée de terre cuite de l'empereur Qin Shi Huang, celui qui fit de la Chine un seul et unique empire, dont l'extension est comparable à celle de la Rome antique. Un étrange pincement au cœur s'empare du voyageur qui a suivi jusqu'ici les méandres du fleuve Jaune ! La vie à Xi'an est si différente de celle des hauts plateaux tibétains ou du désert du Ningxia, ou tout simplement de celle des paysans qui courbent l'échine dans les champs en terrasse du Shaanxi.

Nous sommes dans un autre monde. Ici, se heurtent les deux rythmes auxquels bat le pouls de la Chine au seuil du troisième millénaire. Le long de Dong Dajie, la rue principale, la vie se reflète sur les parois vitrées des nouveaux immeubles. Les vélos ont disparu, laissant la place à une multitude de voitures, la plupart de grosse cylindrée. Seules, les coulisses réservent quelques images de la Chine d'autrefois. C'est le cas du quartier musulman qui se serre autour de la mosquée dans un dédale de rues et de ruelles sinueuses où l'on trouve encore les petites maisons à deux étages des Hui. « Ici, les gens sont riches, ils ne regardent pas à la dépense », se réjouit un vendeur de cerfs-volants sur la place que domine l'imposante tour du Tambour. Le ciel est ponctué de tâches multicolores. Les passants regardent, le nez en l'air, et ils achètent. « Ça ne vaut plus le coup de cultiver la terre, autant venir en ville, on trouvera toujours quelque chose. Pour nous les immigrants, même vendre des cerfs-volants, c'est une affaire rentable. »
Au printemps, la ville de Xi'an est envahie d'un sable jaunâtre qui vient de Mongolie. Nombreux sont les habitants qui portent un masque, la poussière s'ajoute à la pollution, l'un des fléaux de la Chine du troisième millénaire. Le fleuve Jaune lui-même est un grand malade : plus de 60 % de ses eaux sont si pollués qu'on ne peut même plus en faire de l'eau potable. Un fait qui inquiète les autorités chinoises, notamment en ce qui concerne le cours inférieur du fleuve où les besoins sont extrêmement élevés à cause de la forte pression démographique. Et la Chine du nouveau millénaire a désespérément besoin d'eau. L'avenir est un grand point d'interrogation. « Si le fleuve Jaune est en paix, alors la nation est en paix », affirme une grande pancarte en caractères rouges sur la paroi en béton du barrage de Sanmenxia. Le fleuve coule en contrebas, impétueux comme un torrent de montagne. Il y a encore quelques années, cet ouvrage hydroélectrique était le plus important du fleuve. Aujourd'hui, il est dépassé avec une fierté évidente par une autre mégastructure implantée à quelques centaines de kilomètres en aval, au nord de la ville de Luoyang. Le village s'appelle Xiaolangdi. Le barrage est colossal : 154 mètres de haut, 1 667 mètres de long. Il a donné le jour à un bassin de 272 kilomètres carrés. Des villages entiers ont disparu et l'équilibre hydrogéologique de la zone a été entièrement modifié. Le nouveau lac est devenu un site touristique et les agriculteurs ont troqué leur tracteur contre une barque. Moyennant un billet d'entrée, on peut accéder au barrage et aux espaces verts qui l'entourent, transformés en parcs de loisirs. Le dimanche, les visiteurs affluent par milliers. « On vient ici pour fuir l'agitation de la ville, pour trouver un peu de calme et de silence », déclare Chen, la guide touristique qui accompagne un groupe de Chinois de Shanghai venu admirer les merveilles technologiques de Xiaolangdi. « Grâce à lui, nous aussi nous pouvons profiter du fleuve Jaune. »

Une jeune fille sonne la cloche placée en haut de la tour construite au centre de l'ancienne cité de la dynastie Tang. Aujourd'hui encore, c'est de là que partent les quatre rues principales de Xi'an.

MOROCCO
ROME
GREECE
MOROCCO
NEW YORK

Page de gauche
Un des 800 soldats en terre cuite retrouvés aux environs de Xi'an (leur nombre total est évalué à 8 000). Outre les statues, plus de 100 chevaux en terre cuite et 18 chars en bois ont également été mis au jour. En l'espace de 25 ans, l'empereur Qin Shin Huang, monté sur le trône en 246 av. J.-C., parvint à apaiser les querelles et à fédérer les États orientaux, devenant ainsi le premier empereur de la Chine unifiée. Pour maintenir l'unité de l'immense territoire chinois, le souverain mit en place une série de mesures centralisatrices qui en firent un véritable tyran. Il adopta de nombreux décrets pour promouvoir le développement de la société et de l'économie. Il instaura une monnaie unique, les caractères et les unités de longueur, de capacité et de poids. On lui doit aussi le début de la construction de la Grande Muraille.

Page de droite
Char en bronze découvert en 1980. Au cours de ces dernières années, 50 000 vestiges ont été exhumés des nouvelles fosses, parmi lesquels de nombreux trésors.

Pages suivantes
Le musée de la Forêt des stèles est lui aussi un haut lieu touristique de Xi'an. Situé dans un ancien temple dédié à Confucius, il abrite plus de 1 000 stèles antiques sur lesquelles sont gravés des textes d'une valeur inestimable pour la culture chinoise. Les plus importantes remontent au IXe siècle et rassemblent les douze ouvrages canoniques de la religion confucéenne. Comme on le voit sur la photo, une salle est prévue pour la copie des stèles les plus célèbres.

書
上石

Page de gauche
Une boutique de pinceaux rue Shu Yuan Men : ici, on peut acheter des tableaux chinois reprenant pour la plupart les grands thèmes de la peinture traditionnelle : paysage, animaux, fleurs et plantes. L'art pictural chinois privilégie la nature et représente rarement l'homme. Il revêt souvent une signification symbolique : la fleur de prunier par exemple symbolise le printemps, le chrysanthème l'automne, le bambou incarnant quant à lui l'amitié éternelle et la longévité car il reste vert en toute saison.

Page de droite
Calligraphe écrivant le caractère He, fleuve, l'un des deux caractères qui composent le nom de Huanghe, le fleuve Jaune. En Chine, la calligraphie, comme la peinture, est un art. Les caractères qui représentaient à l'origine des objets réels ont évolué par la suite, subissant de nombreux stades de stylisation. Être un bon peintre, c'est aussi être un bon calligraphe. Dans les deux cas, la technique est basée sur la maîtrise du pinceau.

Pages suivantes
Un artisan en train de graver un sceau. Noms propres, maximes de grands sages ou petits poèmes sont reproduits sur les sceaux.

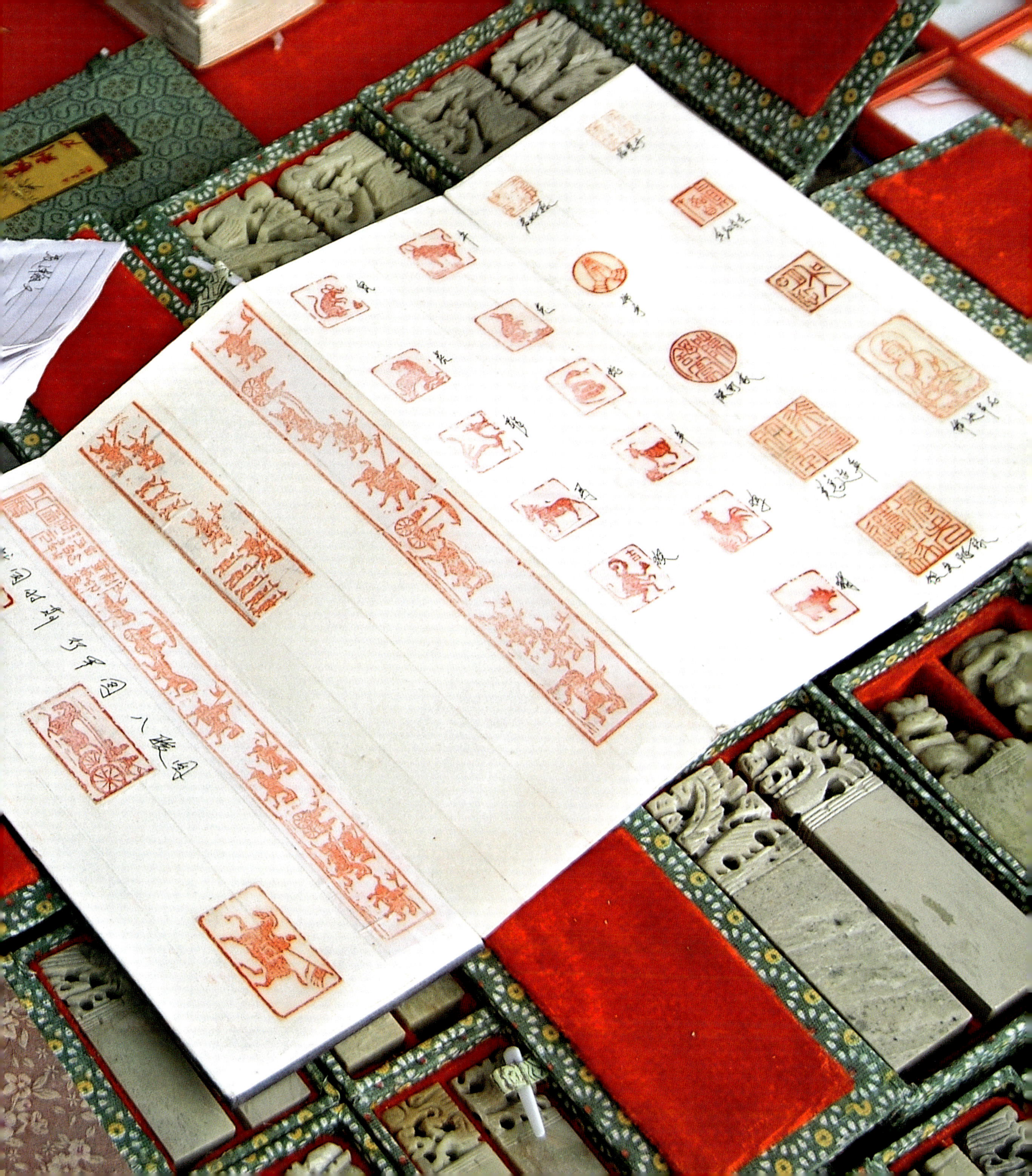

榮寶齋
名家书画精
茶

Page de gauche
Une rangée de cages à oiseaux, rue Bowuguan, une rue commerçante située au sud de l'imposant rempart de Xi'an. L'élevage de canaris et de petits oiseaux est une tradition de longue date en Chine.

Page de droite
Un marchand ambulant attire les clients en laissant flotter ses cerfs-volants multicolores dans le ciel de Xi'an. Dans le fond, la tour du Tambour, le cœur de la ville.

PAGE DE GAUCHE
La circulation à Xi'an.
Les Chinoises n'aiment pas prendre le soleil et se protègent par tous les moyens quand elles sortent en ville, utilisant une ombrelle quand elles sont à pied, ou une visière et des gants quand elles circulent à vélo ou à moto. Ici, la peau claire est plus prisée que la peau bronzée.

PAGE DE DROITE
Défilé de mode devant un grand magasin.
Les mannequins présentent des vêtements copiant les grandes marques occidentales.

'IBS
青

Le quartier musulman de Xi'an s'étend au nord de Xi Dajie. Ce quartier, habité par les Hui, contraste avec la modernité des grandes rues de la ville. La cuisine s'inspire résolument de la tradition islamique importée en Chine par la route de la Soie dont Xi'an était le point d'orgue oriental. Ici, on mange des raviolis chinois à la viande, des brochettes d'agneau ou de la cervelle de mouton extraite de la tête fraîchement coupée et cuite dans une grande marmite.

Datant de 742, la Grande Mosquée qui se dresse au cœur du quartier musulman a été entièrement reconstruite sous la dynastie Qing. L'édifice offre une synthèse des styles chinois et arabe.
À GAUCHE, la préparation des nouilles.
À DROITE, un magasin de thé.

Quand le grand fleuve entre dans la plaine de la province du Henan, il est surveillé de près, suivi comme un patient qui demanderait des soins particuliers. Il est d'un jaune extrême désormais, surchargé de sédiments. Les Chinois savent depuis des siècles qu'à partir de cet endroit, le dragon peut devenir une malédiction, un ennemi dangereux à affronter. C'est pourquoi une commission des ressources hydrauliques a été instituée, s'appuyant sur le travail de dizaines de milliers de personnes. Le dragon charrie une énorme quantité de limon, évaluée à 1,6 milliard de tonnes par an, soit 37 kilos de terre par mètre cube d'eau (contre 1,4 kilo pour le Nil). Cette boue est à l'origine d'engorgements qui dévient le cours du fleuve et le font déborder de son lit.

Or, c'est justement dans cette partie du fleuve que la civilisation chinoise s'est développée pendant 3 000 ans. C'est ici qu'est l'âme des Han, l'ethnie chinoise dominante. Indépendamment de Xi'an, d'autres villes furent le siège de l'empire chinois, que l'on abandonnait régulièrement pour une autre afin d'échapper aux tribus d'envahisseurs ou de fuir les bizarreries imprévisibles du fleuve Jaune. Parmi elles, Luoyang, Anyang et Kaifeng. Il n'y a pas si longtemps que le limon du fleuve Jaune livre aux archéologues les secrets des tombes et des enceintes des palais : des vestiges qu'il a gardés, enfouis pendant des millénaires. Pour un Chinois, observer les fouilles aujourd'hui c'est comme feuilleter un vieil album de famille. À Longmen, près de 110 000 statues dont la plupart représentent Bouddha ont été taillées au fil de plusieurs siècles dans la roche de l'immense falaise du fleuve Yi, un affluent du Huanghe. Et non loin du dragon, au cœur du massif du Song, se niche le monastère de Shaolin, qui est devenu un grand site touristique. C'est ici qu'est né le kung-fu, un art martial ancestral rattaché au bouddhisme chan, plus connu sous le vocable zen.

PAGE DE DROITE
La Pagode de Fer de Kaifeng, édifice sacré de 13 étages, mesure 56 m de haut. Elle remonte au XIe siècle et doit son nom à son revêtement de briques vernissées qui a pris une teinte rougeâtre rappelant la rouille. Située dans la plaine alluviale du fleuve Jaune, Kaifeng fut autrefois capitale de la Chine. Elle connut son apogée sous la dynastie Song, entre le Xe et le XIIe siècle.

PAGES SUIVANTES
Le barrage de Sanmenxia. Sur une immense pancarte placée sur l'une de ses parois, on peut lire : « Quand le fleuve Jaune est en paix, alors la nation est en paix ». Construit en 1960, ce colosse demeura le plus grand barrage du fleuve jusqu'en 2004, date à laquelle fut achevé le chantier de Xiaolangdi, à Luoyang, le troisième barrage chinois en taille.

Page de gauche
Un bassin à poissons au temple de Xiang Shan, à Longmen. Les visiteurs y jettent piécettes et billets pour s'assurer la bonne fortune. L'effigie de Mao est représentée sur le billet de 1 yuan.

Page de droite
L'imposante falaise borde le Yi, un affluent du dragon. À Longmen, l'eau court entre d'étroits versants montagneux. La plupart des 110 000 statues taillées dans la pierre représentent Bouddha. Ces sculptures sacrées furent commanditées par les empereurs qui gouvernèrent la Chine pendant 500 ans. Les premières remontent à la fin du ve siècle. Cette œuvre colossale atteignit son apogée sous la dynastie Tang. Au centre de la falaise, le temple Fengxian ou grotte pour la vénération des ancêtres, abrite une sculpture du Bouddha de 17 m de haut entourée de deux bodhisattvas, de deux disciples, du roi du paradis et de gardiens aux visages menaçants. Longmen est célèbre dans toute la Chine, notamment depuis que la ville est inscrite au patrimoine mondial de l'Unesco.

Page de gauche
Un groupe de boxeurs pose pour les touristes en visite au monastère de Shaolin. Non loin du fleuve Jaune, le monastère, au cœur du massif Song, est l'une des grandes attractions touristiques du pays. Il doit sa popularité à l'art du kung-fu. Aujourd'hui, les athlètes ne sont plus rattachés à la vie religieuse et au bouddhisme zen fondé au ve siècle par Bodhidharma, un moine indien.

Page de droite
Un instant de prière à l'intérieur du temple. Les moines qui pratiquent le kung-fu sont désormais rares. L'art martial ancestral représente en revanche un véritable business pour les nombreuses écoles privées qui ont proliféré en exploitant la notoriété du monastère. Plusieurs milliers d'élèves apprennent pour un prix élevé cet art révélé au grand public en 1979 par le film *Le Temple de Shaolin*, interprété par l'acteur chinois Jet Li, ancien champion de kung-fu.

Clichés des démonstrations
de kung-fu destinées
au large public qui visite
le monastère de Shaolin.

En bas
Cette fresque ancienne qui
illustre le kung-fu représente
les treize moines sauvant
l'empereur Taizong.

Pages suivantes
Le fleuve Jaune au nord
de la ville de Zhengzhou,
à Huayuankou.

黄河水文

Deux scènes de pêche au bord du fleuve Jaune, entre Zhengzhou et Kaifeng. Le poisson le plus courant est la carpe. La vie sur les rives est de plus en plus compromise par la pollution. Tout au long du fleuve, des dizaines de milliers d'usines chimiques déversent leurs déchets toxiques. Selon les chiffres officiels de l'agence Asia News, 60 % de l'eau n'est pas potable. En outre, le débit du fleuve baisse, lourdement affecté par l'irrigation d'une part et la consommation domestique et industrielle d'autre part.

Page de gauche
Ces hommes et ces femmes sont venus de la campagne de Kaifeng pour célébrer la fête dédiée à l'impératrice mère, Wang Mu Niang Niang. Ils se sont installés sur la grande esplanade située devant le pavillon du Dragon en attendant le début des festivités. Le respect des traditions et la ferveur religieuse ne sont pas encore passés de mode dans les campagnes.

Page de droite
Exercices de tai-chi-chuan à Kaifeng. Si les parcs et les jardins se remplissent dès l'aube, les lieux préférés des adeptes de cet art restent les rives des lacs du centre-ville. Ce groupe pratique devant le temple de Yanqing, un immense complexe monastique datant du XIIIe siècle. Le tai-chi-chuan ou « art suprême du combat » s'appuie sur le concept taoïste du yin et du yang. Ce système d'autodéfense à l'origine s'est transformé au fil des siècles en une gymnastique raffinée pour se maintenir en bonne santé. Sa pratique consiste principalement dans l'exécution d'une série de mouvements lents et circulaires qui imitent la lutte avec un adversaire imaginaire.

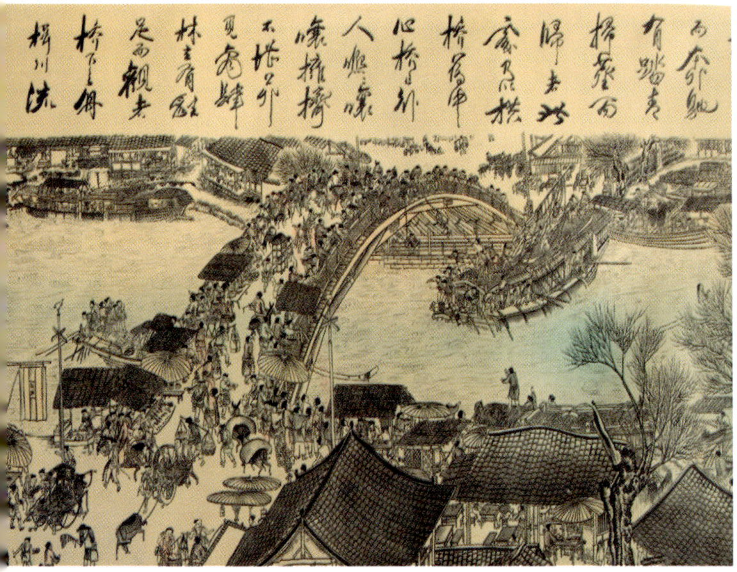

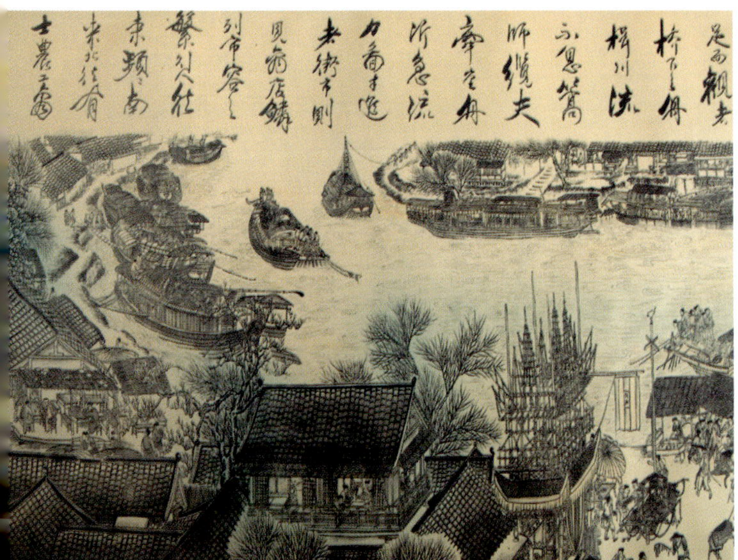

PAGE DE GAUCHE
La ville de Kaifeng est célèbre dans le monde entier grâce à un rouleau horizontal de 5 m de long intitulé *Promenade le long du fleuve le jour de la fête Qingming*. Cette œuvre conservée dans la Cité Interdite à Pékin représente l'âge d'or de Kaifeng qui brillait alors dans toute la Chine pour ses étoffes précieuses, ses céramiques, ses livres, les arts et la calligraphie.

PAGE DE DROITE
Ce pont aux marches raides qui enjambe un canal de la ville rappelle celui qui est figuré sur le célèbre rouleau.

Page de gauche
Kaifeng à l'heure de la pêche : le lac de Boagong au petit matin.

Page de droite
Une tortue tout droit sortie du fleuve Jaune. Très apprécié sur les tables chinoises, cet animal se paie à prix d'or.

Pages suivantes
Le fleuve Jaune à Huayuankou. C'est ici qu'en 1937, Chiang Kai-shek fit déborder le fleuve pour arrêter l'avancée des Japonais, défonçant les levées pour inonder la ligne ferroviaire. Il gagna ainsi plusieurs semaines, mais perdit des centaines de milliers d'hommes dans l'opération. Un panneau rappelle le tragique événement. Ici, le fleuve s'élargit à l'infini, on distingue à peine les deux rives. Dans le fond, le pont de l'autoroute qui traverse la province du Henan d'est en ouest.

Au pays de Confucius et du Tao

九蓮洞

九蓮洞

Pages précédentes
Ces énormes péniches amarrées à Jining, cité minière du Shandong, sont utilisées pour transporter le charbon sur le Grand Canal. Avec 1 764 km de long, 24 écluses et 60 ponts, la réalisation du Grand Canal a été un chantier colossal qui s'est étalé sur des centaines d'années. Le canal qui va de Pékin à Hangzhou, près de Shanghai, est le plus long du monde ; il est beaucoup plus long que ceux de Panama et de Suez.

Page de gauche
Présent dans tous les temples taoïstes, le symbole du yin et du yang représente la dualité de l'être et la synthèse des contraires.

En haut, à droite
Statue de Confucius. Le grand homme est né dans la ville de Qufu, sur le cours inférieur du fleuve Jaune.

AU PAYS DE CONFUCIUS ET DU TAO. La plaine immense donne l'impression d'un paysage agricole immuable, offrant la même image sur des kilomètres et des kilomètres avec ses paysans dans les champs, ses rangées d'arbres, ses petits tracteurs et ses canaux, parfois aussi larges qu'un fleuve. Ce réseau composant une toile d'esthète s'abreuve des eaux du grand dragon, provoquant presque une hémorragie pour le fleuve Jaune qui menace de se retrouver pratiquement à sec malgré son débit important en été. Toutefois, si le fleuve a représenté une menace dans son cours inférieur des siècles durant, il a fertilisé les champs et nourri des millions de bouches. Grâce à lui, la province du Shandong est une région prospère et fertile. Et s'il est vrai que l'industrie commence à s'implanter et que la province se modernise, c'est encore l'agriculture qui se taille la part du lion.

Depuis toujours, les Chinois essaient de canaliser la force du dragon en l'utilisant à des fins productives. Le projet le plus ambitieux dans ce domaine a été le forage du Grand Canal : réalisé sur plusieurs siècles, reliant fleuves et lacs pour permettre le commerce, le canal fut achevé au VIIe siècle au prix d'un énorme effort sous la dynastie Sui. Dans sa phase finale, la moitié des trois millions de paysans qui participaient au forage y laissa la vie, mourant de faim et de fatigue. Le Grand Canal est le plus long du monde, dépassant de très loin en longueur ceux de Panama et de Suez. Ses deux extrêmes sont Pékin et Hangzhou, située à l'ouest de Shanghai. Grâce à lui, les eaux du Huanghe (le fleuve Jaune) et du Yangtze (le fleuve Bleu), les deux grands fleuves de Chine, communiquent. Aujourd'hui, le Grand Canal ressemble à un cours d'eau traversant la campagne, fendant les champs de blé, telle la faux. Du haut de ses ponts, on découvre des centaines et des centaines de péniches qui transportent le précieux charbon, moteur de l'économie chinoise. Au sud du fleuve Jaune, à Jining, une région minière où le Grand Canal rejoint le lac Nanyan, même l'air semble saturé de minerai. Le noir est partout, sous les semelles des chaussures, sur les murs des maisons. « Notre salaire est bien plus élevé que celui des paysans », m'explique un mineur en me tendant gentiment sa chaise pour que je m'asseye à la table d'un restaurant. Ses mains sont aussi noires que sa figure. « On risque plus gros, c'est vrai. C'est un travail fatigant, mais au moins, notre famille ne vit pas dans la misère. Il faut de plus en plus d'argent pour vivre en Chine aujourd'hui. »

C'est dans cette région, près du fleuve Jaune, que Confucius a vu le jour en 551 avant Jésus-Christ. À sa mort, le grand maître était pratiquement inconnu. Pourtant, l'influence de sa pensée fut déterminante sur la société chinoise pendant des siècles. Qufu, sa ville natale, devint un lieu sacré et les héritiers mâles du nom de Kong (Confucius s'appelait en réalité Kong Qiu) bénéficièrent d'innombrables privilèges parmi lesquels le titre de duc de Yansheng. Pendant des générations, les descendants de Confucius résidèrent à Qufu dans un splendide palais qui, aujourd'hui encore, se dresse aux côtés du temple dédié à leur ancêtre. La lignée des Kong s'interrompit avec la chute du système impérial. Sur les deux héritiers encore en vie, l'un s'est enfui à Taiwan à l'âge de dix-huit ans, l'autre, une femme, vit à Pékin. Qufu est aujourd'hui l'un des sites touristiques les plus fréquentés de Chine.

Une pluie de capitaux s'est abattue sur la ville pour financer son embellissement. Toutes les rues ont été repavées, les vieux immeubles restaurés et les remparts entièrement décapés et remis en état. La ville est aujourd'hui baignée par un canal qui lui redonne un caractère romantique grâce aux jeunes saules qui se penchent sur ses rives. Tous les éléments que la révolution culturelle a voulu étouffer parce qu'ils étaient le symbole d'un passé féodal revivent aujourd'hui : le temple, la demeure du maître, tout comme la forêt et les genévriers séculaires sous lesquels il est enseveli, ont retrouvé leur dimension sacrée. Toute l'année, ces lieux sont pris d'assaut par des hordes de visiteurs qui semblent avoir définitivement oublié que les communistes avaient condamné le grand penseur. Ironie de l'histoire, chez les marchands de souvenirs, la photo de Mao est vendue à côté de celle de Confucius.

À quelques détails près, les mêmes scènes se répètent à environ 70 kilomètres au nord, sur le mont Tai, la montagne la plus importante du taoïsme. Ce lieu fréquenté par les empereurs et les princes porte en témoignage de leur passage des dizaines de temples disséminés sur la crête. Aujourd'hui, le souffle originaire du Tao a laissé la place à la superstition : des groupes entiers de touristes escaladent la montagne pour aller déposer au sommet un cadenas votif, à 1 545 mètres d'altitude, un gage adressé à une divinité mal définie afin qu'elle exauce leur vœu de bonheur, santé et fortune. Confucius, le tao, ou Bouddha, un dieu en vaut bien un autre, du moment qu'il sert votre but...

Ces cadenas scellent les vœux des visiteurs au sommet du mont Tai qui s'élève au nord de la ville de Tai'an, un lieu sacré depuis des siècles dans l'histoire de la Chine. Empereurs et princes ont laissé la trace de leur passage sur le Tai Shan, la montagne la plus importante du taoïsme. Chaque année, des centaines de milliers de visiteurs s'y rendent. Aujourd'hui, le souffle religieux qui fut à son origine a disparu, et là-haut, à 1 545 mètres d'altitude, se mêlent croyances populaires et superstitions. On monte désormais au sommet de la montagne pour le simple plaisir de faire une excursion dans la nature entre amis et parents, loin des embouteillages des villes surpeuplées de la plaine en contrebas.

旅游工藝品商店
泰山極頂
1545米

大成殿

Page de gauche
Le temple de Confucius à Qufu, sa ville natale. Les touristes, toujours plus nombreux, prient devant un grand porte-encens votif. Le regain de religiosité en Chine est devenu un immense business qui s'appuie souvent sur les croyances populaires. Parmi les touristes qui se pressent devant les autels, on trouve aussi des « riches » du troisième millénaire, essentiellement des commerçants. Ils y déposent de grands bâtons d'encens colorés dont les plus gros sont hors de prix, espérant ainsi voir grossir le magot qu'ils ont en banque.

Page de droite
Tablettes avec lesquelles les fidèles de Confucius demandent que leurs vœux soient exaucés.

Pages suivantes.
Pages 254-255
Les remparts de Qufu, la ville natale de Confucius. Le mur d'enceinte a été reconstruit récemment et la cité a été embellie et restaurée, subissant d'importants aménagements urbains afin d'accueillir les nombreux touristes sur les traces du grand sage qui a tant marqué la civilisation chinoise.

Pages 256-257
Inscriptions calligraphiées sur le mont Tai, la montagne sacrée du taoïsme chinois. L'une d'entre elles, qui remonte à la dynastie Tang, dit : « Protège-nous et garde-nous unis pour que soient garanties la paix et la prospérité. »

置身霄漢
光緒丙午四月 天津徐世光摹題

天地同攸
萬曆十八

Scènes d'opéra traditionnel chinois, interprétées dans les jardins des sources de Baotou à Jinan. La grande ville est célèbre depuis longtemps en Chine pour ses sources et ses cours d'eau.

PAGES SUIVANTES.
Le fleuve Jaune au nord de Jinan. Au ras de l'eau, la rive sablonneuse du fleuve se transforme en un lieu paisible loin du chaos de la ville.

Au bout de sa course, alors qu'il s'approche de la mer, avant de se jeter dans le golfe de Bohai, le fleuve Jaune est maintenu dans son lit par de puissantes levées aussi hautes que des collines. Chaque année, l'accumulation de sédiments boueux rehausse ce dernier de 10 centimètres. Par endroits, le niveau des eaux est plus élevé que celui des champs environnants, l'écart pouvant atteindre plusieurs mètres. Dans la légende populaire, les bâtisseurs de levées du fleuve Jaune sont de véritables héros parmi lesquels on retrouve beaucoup de personnages mythologiques qui ont lutté contre les bizarreries de son cours en en drainant le fond, en creusant des canaux d'évacuation ou en créant des bassins de retenue et de déversement en prévision des crues.

Les villes situées près du cours inférieur ont des airs de villages qui auraient poussé trop vite, avec leurs grandes rues poussiéreuses et leurs lots d'embouteillages. Ces dernières sont une constante de la Chine lancée dans la course au développement économique : concentrations humaines démesurées, sans centre-ville, apparemment sans âme, mais avec une volonté farouche de modernité. Le fleuve, le grand fleuve, est toujours éloigné des agglomérations urbaines ; il y a trop de danger à le voir couler aux portes des maisons. Dongying, la dernière ville de l'estuaire, pratiquement en vue de la mer Jaune, doit sa richesse et sa prospérité au pétrole. Ses rues propres et bien éclairées, ses villas et leurs jardins ainsi que ses gratte-ciel en sont témoins. C'est en effet dans cette région retirée où le grand fleuve rejoint la mer que se trouve le deuxième gisement d'or noir de la Chine. Des kilomètres et des kilomètres avant l'embouchure, les pompes, tels d'immenses oiseaux se penchant pour la becquée, extraient le précieux liquide du sous-sol. Et quand, enfin, la mer est en vue, le fleuve Jaune semble exsangue. L'eau se fait véritablement rare. Le grand fleuve a perdu toute sa superbe. Malingre, vaseux, on le franchit sur un pont de bateaux tandis que, quelques centaines de mètres plus loin, ses eaux chargées de boue se mêlent à l'eau propre et limpide de la mer. Le jaune disparaît, englouti par le bleu dans une vague sans fin qui semble se confondre avec la ligne d'horizon. Ainsi s'éteint la fougue du mythique dragon.

La dernière partie du fleuve Jaune, près du golfe de Bohai. Les eaux jaunes du grand dragon se rapprochent de l'embouchure. Chargées de sédiments, elles s'écoulent lentes et solennelles, semblant épuisées et désireuses de se fondre dans les eaux plus transparentes de la mer. La zone située autour de l'estuaire a été déclarée « Réserve naturelle du delta du fleuve Jaune ». Quelque 153 000 hectares de zone humide sont ainsi protégés, offrant un refuge à 268 espèces d'oiseaux ainsi qu'à de petits mammifères dont le renard.

Juste avant l'embouchure, les rives du fleuve Jaune offrent un but de promenade dominicale à de nombreux jeunes gens. Deux d'entre eux ont dessiné un cœur sur le sable, en témoignage de leur amour. Les deux amoureux s'appellent Xiao Jie et Zhen Fei.

Page de gauche
L'estuaire du fleuve Jaune est une région précieuse pour le pétrole qu'elle renferme : des milliers de pompes puisent l'or noir du sous-sol, ployant le cou vers le sol, tels d'immenses oiseaux.

Page de droite
Des paysans nettoient les canaux d'irrigation où s'écoule l'eau du fleuve Jaune utilisée pour arroser les rizières, les champs de blé et les vergers qui s'étendent à perte de vue. À la fin du printemps, on assiste à une véritable explosion de fleurs de pêchers.

Pages suivantes
Vue du fleuve Jaune prise du pont de l'autoroute situé près de l'embouchure, au nord de la ville de Dongying. La mer n'est plus très loin. Le grand fleuve a terminé sa course.

红光
渔7010

Parmi les figures mythiques de l'histoire de la Chine, l'empereur Yu, dit Yu le Grand, se distingue comme étant le premier souverain à avoir lancé un chantier colossal pour contrer les caprices du fleuve Jaune. Le premier à faire appel à l'hydraulique pour irriguer les champs et mettre le peuple à l'abri des inondations, il fut aussi le premier à comprendre que pour dompter le fleuve, il ne suffisait pas de rehausser ses levées mais qu'il fallait aussi creuser de nouveaux canaux pour le soulager et évacuer l'eau en période de crues. Selon la légende, Yu fut le fondateur de la dynastie Xia et régna sur la Chine pendant 45 ans, jusqu'à sa mort que l'on situe vers 2227 av. J.-C. Ses travaux d'aménagement des territoires traversés par le mythique dragon se poursuivirent pendant treize ans au cours desquels, dit-on, Yu ne rentra pas chez lui. Au terme de ce chantier colossal, il jeta un bœuf en bronze dans les eaux du fleuve : un talisman destiné à conjurer les futures inondations.

Depuis ce jour, savoir dompter les eaux en favorisant leur décrue pour éviter les inondations est synonyme de bonne gouvernance.

CI-CONTRE
Un port de l'estuaire où les bateaux viennent s'abriter à la fin de la journée, après avoir pêché dans les hauts fonds de la mer Jaune.

RESPONSABLE DE COLLECTION
Catherine Laussucq

ÉDITION
Sophie Berger

TRADUIT ET ADAPTÉ DE L'ITALIEN PAR
Catherine Pierre-Bon
avec la collaboration de Isabelle de Jaham

MISE EN PAGES (PAO)
Maogani

Dépôt légal : 88250, septembre 2007
ISBN : 978-2-01-240127-3
N° de codification : 24-0127-1
Édition 01

IMPRIMÉ ET RELIÉ EN ITALIE